煤炭资源整合协同博弈管理机制、
策略与效果评价研究

煤矿循环经济复杂系统评价与实证研究

宋华岭　李春蕾　谭　梅◎著

西南交通大学出版社
·成都·

图书在版编目（CIP）数据

煤矿循环经济复杂系统评价与实证研究／宋华岭，李春蕾，谭梅著. —成都：西南交通大学出版社，2015.6

ISBN 978-7-5643-3943-2

Ⅰ. ①煤… Ⅱ. ①宋… ②李… ③谭… Ⅲ. ①煤矿－矿区－自然资源－资源利用－研究－中国　Ⅳ. ①F426.21

中国版本图书馆 CIP 数据核字（2015）第 119950 号

煤矿循环经济复杂系统评价与实证研究

宋华岭　李春蕾　谭　梅　著

责 任 编 辑	孟秀芝
特 邀 编 辑	于艳昕
封 面 设 计	墨创文化

出 版 发 行	西南交通大学出版社 （四川省成都市金牛区交大路 146 号）
发 行 部 电 话	028-87600564　028-87600533
邮 政 编 码	610031
网　　　址	http://www.xnjdcbs.com

印　　　刷	成都勤德印务有限公司
成 品 尺 寸	148 mm × 210 mm
印　　　张	6.25
字　　　数	175 千
版　　　次	2015 年 6 月第 1 版
印　　　次	2015 年 6 月第 1 次
书　　　号	ISBN 978-7-5643-3943-2
定　　　价	39.00 元

前　言

目前，中国的煤炭能源发展面临着如何满足为高速发展的国民经济提供可靠的能源保障、确保国民经济安全的大问题。煤炭作为有限的不可再生的矿产资源，在我国国民经济的发展中起到不可替代的作用。煤矿循环经济资源开发模式对科学、合理地开发我国有限的煤炭资源，提高资源利用率，延长我国能源的使用寿命，保障资源供应的可持续性，保护生态环境等具有重要意义。研究证明，煤矿循环经济系统是一个具有多节点、多层次、多维度、多链条、开放、动态、非线性等特征以及由经济、社会和生态等子系统构成的复杂巨系统。对煤矿与资源复杂系统研究具有重大的理论与应用意义。

本研究对我国煤矿循环经济发展、国内外研究和复杂性理论研究现状进行了分析与综述，从复杂性理论角度论证循环经济实际上是一个复杂系统，并对循环经济复杂系统的研究现状进行了分析；同时以煤矿循环经济系统的产业价值链为研究对象，系统分析其机理，并指出：煤矿循环经济产业价值链是以煤炭企业为主体，以循环经济理念为基础，以煤炭资源及其剩余物作为循环利用的基础能源和资源，遵循减量化、再利用、再循环的原则，通过若干产业层次，使资源、能源形成梯级循环利用，以提高资源、能源利用率，获得价值增值的路径。在此基础上，基于复杂网络，系统研究了煤矿企业剩余物综合利用产业价值链，对煤矿循环经济产业价值链的复杂性进行了分析。

本著作以目前国内煤矿循环经济两个实践典范——西山煤电集团古交煤矿循环经济和大同塔山煤矿循环经济系统为实证，构建了具有多层级喂给关系的煤矿循环经济复杂系统，详细阐述了区域大、局域中、矿域小循环全面循环经济复杂系统；以西山古交循环经济系统和同煤塔山循环经济园区的循环经济复杂系统的应用技术为例，论证了煤矿循环经济复杂系统的技术复杂性。

本研究对煤炭矿区循环经济复杂系统的复杂性进行评价，建立多维熵尺度的格空间，以熵信息量作为尺度来测度循环经济的复杂度，并以此作为主线贯穿整个理论研究，提出一系列的概念、理论与方法体系。建立矿区循环经济复杂系统结构复杂性评价模型和环境熵评价模型，以西山古交循环经济系统和同煤塔山循环经济系统为例进行实证研究。本研究对煤矿的复杂性理论与应用研究有所贡献。

本著作的完成只是一个暂时的定态，学术研究无止境。作者力求达到上述研究目的，但有待进一步的深入研究，也恳切希望广大学者、同仁予以批评和指正。在此对著作中引用的研究成果和文献的作者表示真诚的感谢和崇高的敬意，对支持本著作出版的同事、朋友和出版社的编辑表达诚挚的谢意，特别感谢山西焦煤集团西山煤电集团金智新、大同煤矿集团杨智文、郭万忠、常晓华、方娜等专家和张漪、王传鹏老师对本著作出版所做的工作与提供的帮助；本著作作为国家自然科学基金项目"煤炭资源整合协同博弈管理机制、策略与效果评价研究"（71373148）和山东能源经济协同创新中心（山东省2011计划）的研究成果之一，感谢国家自然科学基金项目和山东能源经济协同创新中心对本著出版的资助。

作　者

2015 年春于烟台

目　录

第一章　煤矿循环经济与复杂系统综述

　　长期以来，受传统经济发展方式的影响，煤炭企业所走的是"三高一低"的发展道路，片面地追求产量和经济效益，忽视对资源的综合利用和环境保护，产生了一系列的问题，严重制约了煤炭行业的发展。从长远来看，煤炭具有不可再生性，煤炭企业在资源耗尽时，将会面临无煤可采的局面，而其所在矿区的发展问题显得非常突出。因此，煤炭行业亟须改变观念，从转变经济增长方式入手，采用新的、可持续的发展模式。

　　煤炭行业循环经济是指地球上的煤炭及煤炭产品遵循物质的自身特征和自然生态规律，按其勘查、采选冶生产、深加工、消费等过程构成闭环物质流动，与之依存的能量流、信息流内在叠加，达到与环境、社会进步等和谐发展的一个经济系统，其核心是煤炭资源的综合利用[1]。发展循环经济是煤炭企业转变经济增长方式的根本举措，是实现企业、环境和谐发展的唯一出路。

　　2005 年 12 月 18 日，国家发展和改革委员会（简称国家发改委）

煤炭行业循环经济课题组在"煤炭行业循环经济发展模式论坛"上提出,要以循环经济模式解决煤炭行业的弊病。我国煤炭行业循环经济的发展模式主要是建立循环经济园区,以循环经济和产业生态学为理论基础,拉长产业链,拓宽产业面,注重高效利用和循环发展,较为典型的有同煤塔山循环经济园区、华丰煤矿循环经济园区、兖矿集团循环工业园区、西山煤电循环经济园区等。

第一节 煤矿循环经济溯源

一、循环经济理论的渊源与国外学者的研究

学界一般认为,循环经济的思想萌芽可追溯到 1966 年美国经济学家鲍尔丁提出的"飞船经济",意指地球就如同一艘飞船,靠不断消耗自身有限的资源运转,若不循环利用资源就会走向毁灭。"循环经济"一词是美国经济学家波尔丁在 20 世纪 60 年代最先提出的。而英国环境经济学家 D. Pearce 在其 1990 年出版的《自然资源和环境经济学》一书中正式给出了循环经济的定义[4]:所谓循环经济是对物质闭环流动型经济的简称,就是把清洁生产和废弃物的综合利用融为一体的经济,本质上是一种生态经济,要求运用生态学规律来指导人类社会的经济活动,按照自然生态系统物质循环和能量流动规律重构经济系统,使得经济系统和谐地纳入到自然生态系统的物质循环过程中,建立起一种新形态的经济,通过资源循环利用使社会生产投入自然资源最少、向环境中排放的废弃物最少、对环境的危害或破坏最小的经济发展模式。

20 世纪 60 年代以来,众多国外学者从不同角度开展了循环经济相关理论的研究,并逐步形成了循环经济的概念和方法论体系。如,Sujit Das.（1995）、Hirohiso Kishin（1998）、Yasuo Kondol（2001）、John E.

Tliton（2002）、S. Spatari（2002）和 Stuart Koss（2003）等学者分别对电冰箱、汽车、塑料包装材料、废金属、纸张等产品和资源循环利用的策略进行了研究；在物质减量化及物质减量化与经济发展关系的研究方面，Cleveland 和 Ruth 指出，特定企业或工业的原材料使用范围、运行机制、使用模式、物质减量化等对经济层面产生的影响以及物质替代对环境的影响程度等问题应引起人们足够的重视；在原料与能量流动（工业代谢）的研究方面，Ayres 等（2002）对经济运行中原料与能量流动对环境的影响进行了开拓性的研究；在生命周期评价（life cycle assessment，LCA）的研究方面，LCA 理论框架已经初步形成；在产品生态设计的研究方面，Allenby B. R.（1991）对有关企业产品为环境而设计的问题进行了系统的研究；在生态工业园与工业生态系统的研究方面，Frosch 和 Gallopulos（1989）对工业生态学的理论进行了初步的研究，并提出了工业生态学的概念；在技术变革和环境的研究方面，S. Erkman 在系统研究的基础上指出环境系统分析是技术研究方法的基础，并诠释了工业生态技术；在循环经济的经济政策、手段、立法等研究方面，Wulf-Peter Schmit（2001）提出了推行生态型经济。

二、国内学者对循环经济理论的研究

20 世纪 90 年代后期，循环经济这一概念被引入我国，并很快得到国内学者的重视。近几年来，循环经济在国内引起了众多专家学者的关注和热烈的讨论。目前国内对循环经济的实质的认识还存在着相当大的差异，生态经济学界、环境经济学界和经济学界对循环经济的认识存在着较大偏差。

总体来说，国内学者基本上都是基于以下三方面阐述了循环经济的内涵。第一类是从人与自然的关系角度定义循环经济，主张人类的经济活动要遵从自然生态规律，维持生态平衡。从这一角度出发，循环经济的本质被规定为尽可能地少用和循环利用资源。第二类是从生产的技术范式角度定义循环经济，主张清洁生产和环境保护，使生产过程的技术范式从"资源消费—产品—废物排放"开放（或称为单程）型物质流动模式转向"资源消费—产品—再生资源"闭环型物质流动模式。其技术特征表现为资源消耗的减量化、再利用和资源再生化。其本质是生态经济学，其核心是提高生态环境的利用效率。这类观点认为循环经济是一种新的生产方式。第三类观点认为循环经济是一种新的经济形态。首先是将循环经济看作一种新的生产方式，认为它是在生态环境成为经济增长制约要素、良好的生态环境成为一种公共财富阶段的一种新的技术经济范式，是建立在人类生存条件和福利平等基础上的以全体社会成员生活福利最大化为目标的一种新的经济形态。这类观点特别强调，"资源消费—产品—再生资源"闭环型物质流动模式，资源消耗的减量化、再利用和资源再生化都仅仅是其技术经济范式的表征，其本质是对人类生产关系进行调整，其目标是追求可持续发展[5]。

三、循环经济发展阶段

循环经济是相对于"三高一低"的"资源—生产—消费—排放废弃物"线性经济而言的，它提倡在"资源—生产—消费—二次资源"模式下发展循环经济。它要求以环境友好的方式开发资源，以较小的资源浪费和环境代价、更高的效益和效率为原则，实现低资源消耗、低污染排放和高生产效率，达到经济系统与生态系统的和谐统一，实现经济、环境和社会的可持续发展。

从最初对环境资源的关注到实施可持续发展和探索循环经济道路，大致经历了以下三个阶段。

（一）萌芽阶段

早期的循环经济思想萌芽出现于 20 世纪 60—70 年代环境保护思

潮兴起的时期，这个时期人们重点关注对经济模式导致环境问题的原因的反思，并且开始采取行动。20世纪60年代美国经济学家鲍尔丁提出了"宇宙飞船理论"，这是循环经济思想萌芽的代表。他认为，宇宙飞船是一个与世隔绝的独立系统，靠不断消耗自身的资源存在，最终它将因资源耗尽而灭亡。要延长宇宙飞船的使用寿命，采取的办法就是实现宇宙飞船内部的资源循环。如果地球的资源消耗超过地球的承受力，就会像宇宙飞船一样走向毁灭。这意味着人类不能为所欲为的开展经济活动，要考虑地球的承受力，走人与自然和谐发展的着道路。这种思想要求抛弃原有的"线性经济"发展道路，代之以"反馈式"即循环的经济发展模式。鲍尔丁的宇宙飞船经济理论在当今看来仍有相当的超前性，它意味着人类社会的发展应该从机械论规律转向生态学规律。

（二）统一认识阶段

从20世纪70年代中期到20世纪80年代中期，国际社会展开环境整治运动，循环经济思想更多地还是一种超前性理念，人们没有沿着这条发展的路线走下去，人类的经济活动走的是"先污染后治理"的模式。虽然人们认识到了环境污染的危害性，但人类社会开展的环境治理活动，更多地侧重于产生污染物以后的治理，即"末端治理"。对于是否应该从生产和消费源头上防止污染物的产生，大多数国家还缺乏政策上的举措。

（三）积极实践探索阶段

20世纪80年代以后，伴随着可持续发展理论的产生，人们认识到原有的发展模式是以牺牲资源和环境为代价的发展，因而积极探索，出现了许多新思想，将重点放在如何实现社会的可持续发展上，至此源头预防代替了末端治理。20世纪90年代中期，欧洲国家的有关学者首先提出了循环经济理念，即以资源利用最大化和废弃物排放最小化为主线，将清洁生产、资源综合利用和可持续消费融为一体的循环经济发展战略。这种理念一经提出立即在发达国家得到响应。德国、日本等国家先后制定了发展循环经济的法律，采取政策手段。如国家税收财政政策推动循环经济的实施。企业内部经营管理等方面。

四、煤炭行业循环经济研究现状

（一）国外煤炭行业循环经济研究现状

针对煤炭行业的环境污染情况，有些研究人员提出了资源化利用相关废弃物的途径和减少环境污染的措施[6-9]。相关学者研究了印度次大陆因煤炭燃烧产生的飞灰所含重金属元素汞的排放以及其对大气和土壤产生的污染情况[10]。

E. Asokan（2006）等评估了世界范围内粉煤灰和炉渣的生产情况及其环境影响[11]。Ryunosuke Kikuchi（1999）等探讨了由于燃煤产生的废弃物在生产化肥和沸石等方面的用途[12-14]。

Solveig G. Wei T.（2005）认为，可以通过洁净煤战略减少中国的燃煤 CO_2 排放量和粉尘污染[15]。David Laurence（2006）研究了矿井关闭后对当地社区造成的影响，通过实例研究和风险评估提出经济利益最大化和不利影响最小化的具体措施[16]。

J. D. Whyatt，S. E. Metacalfe（2004）在分析了英国燃煤电厂污染物排放的特点后，提出了减少 SO_2 排放的措施，并针对污染物排放交易机制提出了建议[17]。

Simon Shackley 等（2006）研究了煤炭地下气化以及英国人民对它的认知情况[18]。Gary J. Stiegel 等（2006）认为煤气化制氢是可持续发展的有效途径[19]。

Sodao Wasaka（2002）等研究了煤炭液化的技术以及液化产品的市场情况，他们认为煤炭液化对煤炭行业具有非常重要的意义[20-22]。Y. Adachi，M. Komoto（2000）介绍了通过生产二甲醚实现对偏远地区的煤炭资源进行综合利用的情况，认为这种方式既可以减少浪费又能减轻环境污染[23]。

Carol J. Bibler 等（1998）针对世界范围内对煤层气的排放情况进行了研究，指出建立合适的交易机制是提高煤层气回收利用的关键[24]。

（二）国内煤炭行业循环经济研究现状

（1）循环经济发展模式方面。王文飞提出了基于"3R"原则、"就近循环原则""高质量循环原则"和"能力配套原则"的煤炭行业循环经济总体发展模式[25]。孙玉峰提出了社会循环经济模式、矿区共生企业的循环经济模式和煤炭企业内部的循环经济模式[26]。国家发改委将煤炭行业循环经济发展模式分为社会层次上的大循环模式、区域层次上的中循环模式和企业层次的小循环[27-28]。

（2）产业链延伸方面。林积泉（2005）提出了以"焦炭"为主要产品的循环经济产业链模式[29]。李巍（2006）将煤炭产业链分为纵向、横向和扩展型产业链[30]。

（3）建立煤炭行业生态工业园区方面。四季春（2006）探讨了煤炭行业建立工业园区的模式，并以潞安集团为例进行了实例分析[31]。张麟（2006）阐述了依托煤炭资源，以清洁生产为核心，构建了以产业链网为主体、多种产品并举为主要内容的煤炭行业循环经济工业园区的发展模式[32]。

（4）煤炭行业循环经济定量分析方面。常新宇（2007）提出了系统动力学（SD）与多目标规划（MOP）的 SD-M 集成模型，用于产业链系统规划的定量模型研究[33]。袁学良（2008）分别从资源代谢分析、元素代谢分析和系统集成分析三个方面对煤炭行业循环经济系统进行探讨[34]。

（三）国内外煤炭行业发展循环经济的实践

国外煤炭企业，一般都经历了先污染后治理，最后走上循环经济的发展之路[35]。孟赤兵（2008）认为国外成功的煤炭大企业都通过走"加工—升值—再加工—再升值"的路子，构造关联多元化产业格局，以煤炭作为原料，以煤气化作为龙头，利用所生产的合成气，一方面，用于燃气轮机联合循环发电；另一方面，还制取甲醇、醋酸等高附加值化工产品，实现煤炭—焦化—煤气—发电—化工—体化的高效能源化工系统，充分发挥综合开发优势，形成煤炭工业多元化发展的新模式，对我国煤炭工业的发展具有借鉴意义[36]。

1. 国外煤炭矿区循环经济实践

（1）德国鲁尔矿区经济转型。

德国鲁尔矿区的发展经历了由资源开发到资源枯竭、由钢铁振兴到企业没落的过程。通过清理改造和产业结构调整，鲁尔工业区经济走出了低谷，从以煤炭和钢铁工业为中心的资源型生产基地，转变为以煤炭和钢铁生产为基础、以电子计算机和信息产业技术为龙头、多种行业协调发展的新型经济区，产业结构调整取得了明显的成效，成为世界老工业区改造和矿区经济转型的成功典范。

鲁尔矿区的转型包括整体规划、全面治理，重视资源回收和环境保护、竭尽所能提高资源回收率，调整产业结构等方面。鲁尔在发展煤炭生产及技术装备的基础上，利用已有的优势，拓展产业链，积极发展化工、电力等产业，大力引进汽车、电子、信息、食品和服装等新兴产业，鼓励发展旅游商业、金融和保险等第三产业。对煤炭产业进行技术改造，关、停、并、转那些生产成本高、机械化水平低、生产效率差的煤矿，将采煤业集中到盈利多和机械化水平高的大型企业中去，走高产、高效的发展道路，显著提高劳动生产率和生产效率，使煤炭生产走上健康发展道路。

（2）澳大利亚矿区的土地复垦。

澳大利亚的矿区土地多种复垦技术居世界领先水平，其土地复垦一般要经历以下阶段：初期规划、审批通过、清理植被、土壤转移、存放和替代、生物链重组、养护恢复、检查验收。土地复垦必须执行保证金制度，基于鼓励和推广的目的，复垦工作做得最好的几家矿业公司只缴纳 25% 的复垦保证金，其他公司则必须足额缴纳保证金。通过建立完善的制度和采取有效的措施，澳大利亚的土地复垦工作取得了长足进步。

（3）其他发达国家的经验。

在美国，煤炭矿区生态环境保护的重点包括土地复垦、伴生物的开发和燃煤排放物的治理等。循环经济将改变传统的煤炭生产和利用模式，"洁净煤技术计划"给煤炭工业带来发展契机。欧共体、日本等国家制定了洁净煤开发计划，并取得了初步成果，促进了能源行业和煤炭加工利用的科学技术进步，并获得实质性收益。

2. 国内循环经济实践

（1）同煤集团塔山循环经济园区。

同煤集团塔山循环经济园区是中国煤炭行业首个循环经济园区。园区规划为"一矿八厂一条路"，以世界上单井口最大的井工矿井——年产 1 500 万吨的塔山矿为龙头，建设了选煤厂、高岭岩加工厂、综合利用电厂和坑口电厂、水泥厂、砌体材料厂、甲醇厂、污水处理厂以及一条铁路专用线。塔山循环经济园区于 2003 年开工建设，2009年 8 月 30 日正式建成投运。同煤集团摒弃了传统的"资源—产品—废弃物"单项直线式经济发展模式，采用了"资源—产品—废弃物—再生资源"反馈式循环经济发展模式，真正实现了煤炭资源利用低消耗、低排放、高效率，实现了以尽可能小的资源消耗和环境成本获得尽可能大的经济效益和社会效益。塔山工业园区的建设，从根本上扭转了多年来大量消耗、大量废弃、大量污染的传统经济增长模式，为资源型企业的可持续发展走出一条新路。2008 年，塔山循环经济园区实现销售收入近 50 亿元，实现利税 27.5 亿元，项目全部达产后，销售收入将超过 100 亿元。

（2）山东新汶矿业集团华丰煤矿循环经济园区示范工程。

该工程宗旨是要进一步加强综合利用煤矸石、煤泥、矿井水及其主产品原煤、洗精煤等资源合理循环、能量合理流动和价值逐级增值的产业链，增强华丰煤矿可持续发展的能力。其骨架项目是通过利用华丰矿及周边煤矿所产的煤矸石、煤泥等低热值燃料为原料进行发电、制造新型墙体材料，发展大量利用废渣的水泥等项目。通过电厂发电、集中供热消除矿区及周边地区散热燃烧造成的资源浪费和环境污染，并减少煤矸石、煤泥和矿井水等废物的外排。华丰煤矿现有煤矸石近 9Mt，且以每年 0.15Mt 的速度递增。其于 2001 年投产的矸石砖厂一期工程为年产 5 000 万块（折标砖）煤矸石承重空心砖生产线，并通过更换模具生产其他建材产品，本项目每年可利用煤矸石 0.3Mt，减少了堆场用地，同时也减少了煤矸石对环境的污染。现有厂房 10hm^2，都是占用原矸石山用地。现存煤矸石可满足生产 30a 以上。华丰煤矿矸石热电厂一期工程于 1996 年建成投产，有 2 台 6MW 机组和 3 台 35t/h 循环流化床锅炉，年消耗矸石及低热值燃料 17 万吨，为进一步解决低热值燃料积压占地和集中供热问题，于 2002 年在原有厂址建成了热电厂二期工程，使得热电厂最终容量为 37MW。每天需用矿井水 7 000t，直接从矿井水处理站通过管道供给。年消耗煤矸石 15 万吨，煤泥 8 万吨，散杂煤 2 万吨，由于靠近矿井和洗煤厂，原料使用废弃物，因此发电成本较低，经济价值可观。华丰煤矿矿井水资源较丰富，年矿井水总量为 8.933 Mm^3，年总涌水量 6 Mm^3，年排水费用 560 万元。主要为岩溶裂隙水，矿井水由井下分多级排到地面，既造成水资源的浪费，对周围环境也造成污染。而自从投资 200 万元修建矿井水、各种污水处理站，对矿井水循环利用之后，矿井水可以用于生产、基建、卫生、防尘、绿化等。洗选厂推广电磁高频筛，实现洗煤废水闭路循环，节约了地下水资源，2002 年全矿共计用水 1.384 5×10^6 m^3，同

比减少 $9.6×10^5 \ m^3$。资源的良性循环，为华丰煤矿创造了新的增长点，销售收入和利润额都产生较大增幅，同时矿区环境及企业声誉都有了明显改善，获得了较高的经济、环境和社会价值。

（3）兖矿集团循环工业园区。

近年来，兖矿集团转变对煤炭由普通燃料到重要化工原料的认识，大力推进煤炭洁净利用和深加工，延伸煤炭产业链，提高产品附加值，培育煤化工、煤电铝接续主导产业。按照"大项目—多联产—产业基地"发展方向，拉长产业链。在山东，重点建设以煤气化及多联产为主线的鲁南化工园区、以煤炭焦化及下游产品加工为主线的兖州化工园区、以坑口高硫煤洁净利用为主线的邹城化工园区，形成鲁南煤化工基地。基地建成后，每年将消耗高硫煤 550 万吨，使高硫煤变废为宝，可延长矿区薄煤层矿井服务年限 20 年。统计显示，2005 年以来，兖矿集团通过资源循环利用，年均处理各类污水 3 700 万吨，烟气 300 亿立方米，削减 COD（化学需氧量）5 600 吨，削减 SO_2（二氧化硫）排放量 9 300 吨，削减烟尘排放量 42 万吨，综合利用煤矸石、灰渣等工业固体废物 740 万吨，固废综合利用率连年保持 100%，创造了良好的经济和社会效益。

（4）山西孝义梧桐工业园的煤—电产业园。

该园区本着"以消化全部低热值燃料为目的，自发自用，多余上网"的建设思路，重点实施了东义集团、金辉煤焦公司、金岩电力煤化工有限公司 3 个 2×15MW 煤矸石发电项目，以及辉鑫、晋茂 2 个 2×6 000 KW 粉煤灰、煤矸石综合利用发电项目。东义集团将炼焦下游产品煤矸石变废为宝，建设了 2×15 MW 煤矸石发电项目，年消耗煤矸石 30 万吨，年发电量 2.25 亿度，每年可实现销售收入 4.8 亿元；形成了以发电为龙头，热电气联供，污水处理、余热养殖、建材生产并举的综合利用产业链。低热值发电已经成为梧桐工业园的非煤产业。

（5）徐州张双楼煤矿循环经济园区。

该园区按照资源"吃干榨尽"目标，发展循环经济，目前已基本建成煤泥干燥、煤矸厂砖厂、矿井水、地热综合利用项目，为发展煤焦化项目积极创造条件，延伸煤基产业链，确保明年基本建成以煤、电、煤化工为主体的张双楼循环经济园区。另外，该集团还规划建设"煤矸石—电—热—建材—土地复垦"综合利用西部循环经济区和地热值"煤—电—水泥—土地复垦"综合利用的东部循环经济区。

（6）陕煤集团黄陵煤化工循环经济园区。

该园区以白石焦化项目为主体，是继曹家峪 2×98 万吨焦化、西峪 2×300MW（兆瓦）煤矸石电厂项目启动之后，黄陵煤化工循环经济园区规划建设中的 4×98 万吨黄陵煤化工项目的重要组成部分，概算总投资 34 亿元，占地 1 100 余亩。项目建成后，可年产冶金焦 196 万吨，甲醇 20 万吨，实现年销售收入 47.9 亿元，实现利税 6.9 亿元。

另外，黑龙江鹤岗鹤矿集团、包头神华集团、平顶山平煤集团、义马煤业集团等各大国内煤炭企业为了实现可持续发展战略，增强持续竞争力，目前都在积极实施循环经济举措，建设循环经济项目。

第二节　循环经济复杂系统研究综述

复杂性科学是 20 世纪 80 年代从非线性科学的基础上发展而来的，是以现实的信息、经济和社会问题为研究背景的新兴学科。自专门以复杂性为研究内容的圣菲研究所（SFI）成立以来，复杂性科学在多个科学领域的应用研究中得了广泛的开展。

近年来，循环经济系统是"复杂的、非线性系统"在学术界已达成共识。循环经济系统是否复杂、复杂到何种程度，简单的定性分析是不足以了解的，所以对循环经济系统复杂性、非线性的定量研究逐渐成为热点问题。

复杂性科学兴起于 20 世纪 80 年代，由于对现实事物的深刻理解，受到各国学者的重视。复杂性科学彻底打破了线性理论，创建了新的理论体系，它运用新的思维模式理解自然带来的问题。国外有学者称复杂性科学是继相对论和量子力学之后的又一次革命，国内成思危教授认为它是系统科学发展的一个新阶段，戴汝为将其誉为"21世纪的科学"[2]。它以还原论、经验论及"纯科学"为基础，吸收系统论和理性论，以研究自然、社会的复杂性和复杂系统为核心。复杂性科学打破了传统学科之间的界限，以寻找各学科之间相互联系的机制。它的出现，为现代科学的发展提供了新思路、新方法，对煤矿循环经济理论研究具有重要的借鉴意义。

从系统论角度来看，循环经济系统是一个复杂系统，循环经济复杂系统是由目标系统、内部系统和外部系统三部分组成[3]，是一个不同层次间多层次，同一层次中多因素的复合结构系统。其系统间的关系、因素间的关系、信息传递的相互关系等反映了循环经济系统结构上的复杂性。目前，对循环经济这个复杂系统的复杂度测度研究较少，因此循环经济系统复杂度的测度研究是循环经济研究的一个新的方向。

一、国外复杂性研究现状

从国外关于探索复杂性科学所取得成果的相关研究概括起来，复杂性科学主要有以下学派：L. Bertalanffy 的一般系统论、SFI 的复杂适应系统、系统进化控制论、开放巨系统、结构学、系统动力学和复杂系统管理[37]。

复杂性科学的研究发展主要经历了三个阶段[38]。

(一) 第一阶段

自20世纪20年代到60年代系统科学研究的萌芽。在这个时期，系统科学萌芽的主要标志是：一般系统论、控制论和信息论等理论的创立。这些理论的创立，标志着系统科学步入现代科学的殿堂，登上了历史的舞台。

在系统科学发展的历史上，奥地利生物学家路德维希·冯·贝塔朗菲（Luding Von Bertalanffy，1901—1972）是一位先驱者，1928 年贝塔朗菲完成描述生物有机系统的毕业论文，并于 1937 年提出"一般系统论"。他科学地定义了"系统""整体""涌现"等复杂性概念，第一次建立了刻画复杂性的模型，并通过重点剖析生物、心理、生理和历史等领域的范例，建构了复杂性的研究纲领[39]。后来在 1945 年发表的《关于一般系统论》一文中提出一般系统论的任务"是确立适用于系统的一般原则"，并对系统的共性做了一定的概括，如系统的整体性、关联性、动态性和有序性等。1968 年出版的《一般系统论：基础、发展和应用》，一书全面总结了他的研究工作，是其一般系统论的代表性著作。这标志着科学思维方式从局部转向整体，从要素转向系统，即已经用整体或系统概念处理复杂性问题。当美国圣菲研究所首任所长考温（G. A. Cowan）在回顾复杂性科学的发展史之时，认为复杂性科学是从贝塔朗菲开始的[40]。

维纳（N. Wiener）是该时期的另一位代表人物。1948 年，他出版了《控制论——关于在动物和机器中进行控制和通讯的科学》，这标志着控制论的诞生。控制论的基础概念是反馈调节，即系统通过反馈调节维持某一状态或趋于某一目标[41]，控制论的创立进一步充实了系统科学理论。人工智能的奠基者麦卡洛克、匹茨和维纳在控制论的发展过程中有过密切的合作，他们于 1943 年构建的第一个神经网络模型就是应用了反馈机制，并成功地利用人造装置模拟人和动物的思维过程、智能活动和心理过程。

信息论的创始人申农于 1948 年发表的《通讯的数学原理》标志着信息论的诞生。"申农的信息论定义了包括信源、信宿、信道的信号传输的普适模型，提出了信源编码定理等重要理论，为传统意义上的信息传输奠定了理论基础"[37]。

综上所述，在该阶段，一般系统论、控制论、信息论等的创立，标志着系统科学理论的兴起。这一阶段所创立的理论为后续的系统科学研究奠定了基础。

（二）第二阶段

20 世纪 60 年代到 20 世纪 80 年代复杂性科学的发展，这一期间产生的复杂性科学理论主要有：普利高津的耗散结构论、哈肯的协同论、艾根的超循环论、汤姆的突变论、洛伦兹的混沌理论和曼德布洛特的分形理论。这标志着复杂性研究在自组织理论、非线性科学方面已经取得了比较明显的成效，这些理论对复杂性科学的研究都起到了巨大的推进作用。

耗散结构理论是普里高津于 1969 年在一次"理论物理与生物学"的国际会议上，针对非平衡统计物理学的发展而提出的。后来，普利高津等人把耗散结构理论应用于经济、社会和文化等问题，取得了良好的效果[42]。

德国学者哈肯的代表性理论——协同学，研究有序结构的形成和演化机制，描述各类非平衡相变的条件和规律。协同学是从物理学和化学系统出发，阐述了系统中子系统是如何协同作用最终形成有序结构的。由于协同学具有较高的数学抽象性和普适性，后来它被广泛应用于社会科学的研究，如经济系统的分析和社会管理等问题[43]。

德国学者艾根创立的超循环理论，是研究分子自组织进化现象的理论。它认为在化学进化阶段和生物进化阶段之间，应该存在一个分子自组织的进化阶段，在这个进化阶段完成从生物大分子到原生细胞的进化。

托姆创立的突变论的主要内容是初等突变论，它研究不连续的突变现象，试图用抽象的、形式的和定量化的方法描述演化中的突变。混沌理论和分形理论主要是利用数学对复杂系统的演化过程进行描述。元胞自动机是离散的动力系统，可以用来模拟生命的现象。

总之，第二阶段兴起的自组织理论、协同理论等与第一阶段的系统理论有所不同，或者说是对第一阶段的超越。第一阶段的系统理论主要研究系统结构与功能，主要是着眼于对系统的静态分析。第二阶段的系统理论则开始关注系统的动态研究，关注系统的演化，突出了系统自身的主动性。

（三）第三阶段

20世纪80年代至今复杂性科学理论的兴起。它是复杂性科学真正诞生的时代。"复杂性科学"的概念已经明确提出，1984年5月，以三位诺贝尔奖获得者盖尔曼（M. Gell-Mann）、阿若（K. J. Arrow）和安德逊（P. W. Anderson）为首，聚集了一批从事物理、经济、生物、数学、计算机科学、哲学等领域的年轻科学家，在美国洛斯阿拉莫斯国家实验室附近的圣菲组成了圣菲研究所（Santa Fe Institute，SFI），专门从事复杂性科学研究。所涉及的主要内容有复杂适应系统、非适应系统、标度、自相似、复杂性的度量。这个阶段的主要理论有混沌理论和复杂适应系统理论。

混沌理论主要研究混沌的特征、实质、机制以及描述、控制和利用混沌。混沌理论使人们认识到世界还存在另一种演化方向，即从通常理解的有序向通常理解的无序演化。

复杂适应性系统理论（Complex Adaptive System，CAS）是由霍兰提出的，其主要思想是适应性造就复杂性："适应性指系统中的成员能够与环境和其他的主体进行交互作用。主体在这种不断的交互作用中，不断地积累经验，同时根据学到的经验改变自身结构和行为方式[44]。"

二、我国复杂性研究现状

我国对复杂性的研究主要包括成思危等人对国外管理复杂性理论的介绍，钱学森、戴汝为等人从事的复杂巨系统理论框架及人机交互的综合集成研讨体系，李京文、宋学锋等人研究的混沌经济理论，席酉民等人的和谐管理理论，宋华岭等人的管理熵理论等。其他一些学者主要结合复杂适应系统理论、自组织理论、复杂巨系统理论及复杂网络理论对企业管理、经济金融及城市交通等领域展开研究，详细见表1-1。

表1-1　我国学者进行复杂性研究的主要研究方向及主要研究内容[13]

代表学者	主要研究方向	主要研究内容
成思危	管理复杂性	介绍国外管理复杂性理论内容
钱学森、戴汝为、于景元	复杂巨系统、综合集成研究厅体系	复杂巨系统的理论框架、建立人机交互的综合集成研讨厅体系
赫柏林	自然科学复杂性	混沌动力学、量子混沌、分形
席酉民、尚玉钒、韩巍等	和谐管理	和谐管理理论框架的确立、管理复杂性边界的界定
李京文、宋学锋、刘洪	混沌经济理论	混沌经济学理论基础及其在证券市场、企业管理中的应用
刘洪、许正权	组织复杂性	组织复杂性与环境复杂性匹配、复杂适应系统
宋华岭、任佩瑜、刘全顺等	管理复杂性——广义与狭义管理熵理论	企业管理系统复杂性评价
王丹力、王宏安等	供应链及供应链管理复杂性	供应链系统的复杂巨系统特性、运用综合集成研讨厅体系解决供应链管理问题
胡汉辉、魏永斌、丁永健	知识管理的复杂性	知识管理的复杂性特征、基于复杂性思想的知识管理方式
蔡怀平、王希坤	学习型组织中的复杂性	复杂适应系统理论在学习型组织的运用
陈平、刘兴华、汤兵勇	市场、市场经济复杂性	复杂适应系统理论在市场及市场经济研究中的运用
吴冲锋、晓光、马超群	哲学	复杂适应系统理论和混沌理论在金融系统中的运用
苗东升、郭元林	心理学	从哲学角度研究复杂性组织管理的概念及特性
王二平、李永娟	软件复杂性——交互式管理	行为科学角度研究复杂社会技术系统的安全控制
万江平、杨建梅	城市、工程系统复杂性	运用沃菲尔德的复杂性思想及其交互式管理模式研究软件过程的复杂性

代表学者	主要研究方向	主要研究内容
王茜、晏永刚	复杂网络、元胞自动机应用	复杂巨系统理论在城市、工程系统中的运用
马骏、李鹏翔	证券市场复杂性	复杂网络拓扑结构与动力学性质及在组织管理、社会系统等复杂系统中的应用
文凤华、杨晓光、马超群	证券市场复杂性	自组织理论在证券市场的运用、证券市场的复杂性特性

三、循环经济复杂系统研究

（一）循环经济复杂系统研究现状

杨小军（2008）从复杂性基本特征出发，通过分析循环经济系统的开放性、动态演化性、多层次性、非线性、自组织性等特征，指出循环经济系统本身是一个复杂系统，分析了循环经济的复杂性构成，并从政府、企业、社会公众、宏观社会环境和产业环境角度探讨了发展循环经济互动与协同的关系。[48]

高洪琛（2007）从系统工程的观点，利用系统分析的方法对发展循环经济的理论意义和创新意义进行了深入分析，提出循环经济要实现经济角度、社会角度与环境角度的三维整合，即在经济上要创造更多价值、在环境上要减少负面影响、在社会上要解决人口就业。[49]

黎雪林（2007）设计了以资源环境指标为主、以经济和社会指标为辅、多层次结构的循环经济评价指标体系，建立了基于人工神经网络的循环经济发展水平评价模型和基于DEA的循环经济运行效率评价模型，建立了循环经济的投入产出表及多目标投入产出分析模型，可用于对循环经济复杂的物质流进行管理，分析循环经济对资源利用和环境保护产生的影响；构建了循环经济各主体的博弈模型。这些模型从不同的侧面定量的描述循环经济。[50]

陈春明、左晓玢（2013）运用系统动力学原理构建组织创新系统模型，应用仿真软件模拟实验组织创新对企业经济绩效和环境的影响，并基于复杂理论提出相应的对策建议，帮助循环经济下的企业更好地进行自我改造，建立资源节约、环境保护的绿色经营理念，以适应未来企业的发展要求。[51]

宋晓倩（2014）提出了构建煤炭矿区循环经济的复杂网络模式，并根据煤炭矿区循环经济系统的特点，构建矿区循环经济复杂网络模型，提出矿区循环经济网络图形表征方法，同时以山西古交矿区循环经济系统为例进行实证研究。[52]

对循环经济系统复杂性方面的研究，目前大部分仅停留在定性分析阶段，仅引用复杂性的相关理论对循环经济系统进行系统分析，描述其符合复杂性特征的属性。对于循环经济系统的复杂性的评价，目前没有系统的、可操作的模型来真正评价复杂性，从而得出具体的评价指标与体系。

（二）循环经济复杂系统描述

从物质和能量转化的角度来看，循环经济是不断从简单到复杂、从低级到高级、从无序到有序演化的非线性系统。循环经济系统作为一个复杂系统，不论是它的主体——企业、社会公众和政府，还是它的客体——社会环境、产业环境和自然环境，都是相互联系、相互作用并且不断演进的复杂系统。

循环经济是发展经济、保护生态和提高社会就业相统一的"三赢"经济，追求的是系统的和谐发展。各子系统之间根据循环流程不断地进行物质、能量和信息的流动，本质上是一个开放的复杂巨系统。[45]

1. 整体性

循环经济作为一个整体而存在，也作为一个整体而发展演化。构成循环经济系统的要素按照系统整体的目的发挥各自的作用，它们之间相互联系、相互作用，同时受到整体目标的约束。循环经济系统的结构、功能等属性只有在整体的层次上才能显现，系统作为整体与外界环境进行相互作用。

正是循环经济系统内部各要素之间的联系与作用，使循环经济系统具备了各要素在孤立状态下所不具备的性质，具有"整体大于部分之和"的特点。如果用 F_T 表示循环经济系统的整体所具有的功能，F_{P_i} 表示第 i 个部分 P_i 所具有的与整体功能 F_T 相同的功能，F_{T_o} 表示整体所具有的各个部分所没有的功能，则有：

$$F_T = \sum F_{P_i} + F_{T_o}$$

因此，研究循环经济问题，不能片面地从循环经济部分上认识，而要从整体上认识循环经济系统的性质、功能和运行规律，因为循环经济系统的整体呈现了各个组成要素所没有的新特征，当然，对循环经济系统整体的认识，本身就包含对循环经济系统各组成要素的认识。

2. 非线性

普里高津曾经指出："线性与非线性之间的明显区别在于叠加性质的有效性还是无效性。"[46]

循环经济系统的组成要素是各个企业节点，其整体功能取决于各企业节点之间的协调关系程度。这些企业要素之间存在着复杂的非线性、多层次错落的结构关系，互相关联、互相制约、互相影响，在这些企业节点之间的机制不是简单的因果规定，而是复杂的相互交互的方式。一旦循环经济系统中某个企业节点受到干扰，都会影响系统的稳定性和整体功能。因此，循环经济系统具有非线性特征，它不是各个企业节点的简单组合，而是通过企业节点相互之间的协作实现"多赢"，产生"1+1>2"的效果。

3. 开放性

开放性主要是指系统与外部是相互关联、相互作用的，并且能不断向更好地适应外部环境的方向发展变化。

循环经济系统的开放性体现在经济活动运行全过程，在其发展的不同阶段需要不断与系统外部环境之间进行物质、能量和信息的交换，不断地从外界汲取负的熵流。经过能量的转化，一部分物质被系统内部吸收，有的能量和物质被损耗，另外一些物质和能量被反馈到输入过程，与外界的物质和能量相结合，从而促进系统的优化、完善和创新，做到生产和消费"效益最大化、污染最小化"等循环经济的目标，以最小成本获取最大的经济、社会和生态效益。

4. 动态性

由于受循环经济系统本身条件和外部环境的影响和制约，循环经济系统总是从一种状态变化到另一种状态，经过系统内部企业节点与环境的相互作用，不断适应、调节，通过自组织作用，经过不同过程和不同阶段，向更高的有序化发展。

这提示我们"不存在可能会被一劳永逸地解决的问题，而存在着一种不断演化着的问题"[47]，对循环经济系统的认识应坚持这种动态性原则，因为循环经济系统不是静止不变的，而是一个不断演化、动态生成的复杂系统。

5. 高维性

循环经济系统是由人、经济、社会和生态等子系统构成的复杂巨系统，而这些子系统还可以继续被划分，如此逐层分解，形成了循环经济系统庞大的层次结构，可见循环经济系统是一个高维度的系统。[45]

所以，煤矿循环经济是一个多节点、多层次、多维度、多链条、开放、动态的系统，需要作为一个复杂巨系统进行研究。

第二章　煤矿循环经济产业价值链机理与复杂性分析

第一节　产业与产业链形成

一、产业与产业链

马歇尔认为产业和生物组织体一样，是一个伴随着组织体中各部分的机能分化（企业内的分工和社会分工）和组织各部分之间紧密联系和联合（企业的兼并和准兼并）的社会组织体。那什么是产业呢？产业（industry），简言之，即指生产性企业、行业、部门的某种集合，按不同的集合标准，便会有不同的产业划分。产业是按照横向隶属性进行划分的，是具有某种同类属性的企业经营活动的集合，同一产业的经济活动均具有这样或那样相同或相似的性质。根据这一特点，我们可以给产业进行界定，即产业是具有某种同类属性的企业经济活动的集合。

关于产业链的理论研究非常少。国外研究文献中没有"产业链"一词,研究产业中的链式关系更多的用"supply chain"(供应链)或"value chain"(价值链)来表示。随着 Porte M. E.(1998)对企业群(cluster)的关注,企业群(或产业群、集群、群聚、簇群)越来越多地被用来定义在某一特定领域中(通常以一个主导产业为核心),大量联系密切的企业以及相关支撑机构在空间上集聚,并形成强劲、持续竞争优势的现象,如张金昌(2001)直接把"industrial cluster"译为"产业链"。

国内一些学者对产业链给出了定义,并做了初步研究。有人认为,不同产业通过生产要素的提供和购买的关系,形成产业之间链条状的联系,称之为产业链。产业链的一个定义是:在特定的群聚区内,由在某个产业中具有较强国际竞争力或国际竞争潜力的企业,与其相关产业中的企业所结成的一种战略联盟关系链。系统观点和方法认为产业链:产业链是针对一系列相关联特定的产品或服务,寻找导致这些产品满足需求的,从原材料的提供到市场的销售等等,前后顺序关联的、横向延伸的、有序的经济活动的集合。同样,它也是以企业为单位的集合,是一个纵横交错、主体纵向关联的系统。从结构上,产业链代表一种跨产业或产业单元的"有序化"程度的组织结构。产业链以一定的关联体形态表现出来,常常表现为企业集团的多元化整合或企业群的长期战略合作体。产业链是一个中观的概念,它表现为跨越已成形产业或相对独立成形的产业单元的系统结构。更深层次地,产业链是以价值系统整合驱动的价值链结构。

二、产业链的形成

产业链是一个系统,具有一定有序的结构形态。其形成是系统从无序到有序的演化过程。从社会分工和需求分化的角度,社会分工的精细化与产业划分的复杂化使得产业与产业之间、一个产业内部各单元之间的界限越来越模糊,从而导致各单元对环境、社会的依赖性越来越强,最终导致产业整体向"有序"化结构发展。另外,需求的多样性和复杂性拉动产业的发展，导致产品的原料、信息和资金的流动，要求相关联的各产业单元相互配合，从而产业各单元和子系统结构上的"有序化"。

1. 系统自组织的角度

产业系统内部各个要素和事物之间，如果是有规则的联系和转化便构成一种"序"结构。从"无序"到"有序"的演化过程也是产业链的形成过程。产业的发展过程是产业系统的自组织过程，即在一定条件下，由于产业系统内子系统的相互作用，使系统形成具有一定功能、结构的过程。有序产业结构的形成便构成产业"链"的形式。自组织过程本身是一个动态的过程，随着自组织的过程，产业链可能会更为有序、稳定，也可能最终衰退、瓦解。

2. 价值的角度

产业链中各企业或企业单元需要实现本身的价值，价值实现过程被看成是属于不同产业的各子系统共同工作的一系列工业过程。由于社会分工的精细，单独的经济单元已不能完成所有的交易、实现价值，不同的经济活动单元（供应商、企业合作者和顾客）通过协同共同创造价值。而价值已不再受限于产品本身的物质转换，维系产业中各经济单元的正是价值的连续和有序的创造、传递过程，这也必将导致产业中价值的"链"化。这种由于产业为实现价值（满足需求）所形成的价值创造链，我们称之为产业价值链。

第二节　产业价值链及其机理

一、产业价值链的概念

产业价值链本质上是用于描述一个具有某种内在联系的企业群结构，它是一个相对宏观的概念，存在两维属性：结构属性和价值属性。

产业链中大量存在着上下游关系和相互价值的交换，上游环节向下游环节输送产品或服务，下游环节向上游环节反馈信息。相应于迈克尔·波特对价值链的定义，产业链在企业在竞争中所执行的一系列经济活动，仅从价值的角度来界定这些活动，称之为产业价值链（industrial value chain）。

产业价值链是产业链背后所蕴藏的价值组织及创造的结构形式，代表了产业链的价值属性，决定产业链的经营战略和竞争优势。产业价值链的形成有效的实现整个产业链的价值，反映价值的转移、创造和分配。产业价值链的结构由产业链内各个企业的价值链整合而成，各企业的价值链由联结点衔接。在产业价值链没有形成前，各企业的价值链是相互独立的，彼此之间的价值联结是松散的，甚至没有联系。通过产业整合，企业被捆绑到一个产业价值链系统，产业链上的产业价值链随之形成。产业链通过应用企业间价值链的创新联结来创造新的价值。

（一）畅通的价值通道

产业链中每一个企业都有自己的价值创造和传递通道，企业通过价值通道实现自己的价值。当产业价值链形成以后，各个企业必须调整自己的价值链，打通企业之间的价值壁垒，通过联结点把各价值链衔接起来，构建产业价值链，形成新的价值通道。产业价值链通过统一布置和规划，理顺各价值链之间的关系，协调各企业的价值活动，使产业链整体创造价值远远超过各单独企业所创价值的总和，使传递通道更畅通，更便利产业链价值的实现。

（二）灵活控制的价值联结点

产业价值链是一个交互依存的活动系统。当执行某个企业价值链的效益影响到其他企业价值链的效益时，企业间的价值联结点就会变成价值决策点，并造成原本应该最大化效果的个别价值链为了整体产业价值链的效果最大化，出现取舍效应。所以，出现在产业价值链上企业与企业之间价值链衔接上的联结点，有利于产业链从整体上灵活实现正确的价值定位和战略取向。

二、产业价值链的特点

相对于价值创造的其他组织形式，产业价值链具有如下特点。

（一）价值整合

产业价值链为产业链价值的整合提供了系统的方法。产业价值链通过打通各企业的价值链，形成一个畅通的、统一协调的价值链系统。整合的逻辑在于，有类似性的活动应该通过将它们归在一个公共部门中而得到共享和有效的利用；同时，这些部门因为它们的差异而从其他组的活动中分离出来。这种类似活动的划分被组织理论学家称为"分化"。随着组织单元的分离而产生的协调它们的需要，称之为"产业价值链的整合"。因此，整合机理必须在一个产业价值链中建立起来，以确保所要求的协调能够实现。

（二）协同效应

产业价值链使企业价值链之间产生协同效应。产业链战略整合各企业的价值链，衔接各企业的价值链，创造价值和竞争优势。各企业被整合到产业链下，调整各自的价值链结构，更好地融入产业链的价值体系，实现"1+1＞2"的协同效应，实现产业链整体业绩好于单个子系统之和。

（三）循环特征

产业价值链是指以某项核心技术或工业为基础，以提供能满足消费者某种需要的效用系统为目标的、具有相互衔接关系的企业集合。这就决定了价值链上的企业之间相互联系、相互依存的关系。这种关系决定了价值链的循环特征。

（四）系统特征

处于价值链中的单个经济个体不是独立存在的，其经营行为表现出它与价值链上其他企业的紧密关联性。正是由于这种关联性，才使得价值链上的企业构成了一个协调有序的系统、表现出系统特征。经济系统的主要特征是系统中的个体不能脱离系统而孤立存在，系统中个体的行为是以系统利益最大化为目标，而不是以个体利益最大化为目标。因此，应用统一的、联系的而不是孤立、片面的观点看待价值链系统中的企业。

三、产业价值链机理

"煤矿循环经济产业价值链"，即以煤炭企业为主体，以循环经济理念为基础，以煤炭资源及其剩余物作为循环利用的基础能源和资源，遵循减量化、再利用、再循环的原则，通过若干产业层次，使资源、能源形成梯级循环利用，以提高资源、能源利用率，获得价值增值的路径。循环经济产业价值链包括企业生产过程中产生的，能够被本企业或其他企业再次利用的，可回收资源和不可被再利用的不可回收资源。

煤矿循环经济产业价值链的价值创造更多来源于链上各企业之间因充分利用剩余物而获得的附加收益，即剩余物没有被作为污染环境的"废物"，而成为了价值创造的源泉，得到充分的利用。

按照循环经济减量化原则，从管理和技术角度减少废弃物的产生和排放。由于煤炭行业上下游企业众多，因此通过对煤炭及其剩余物进行尽可能全面的用途分析，建立联结点。通过联结点把不同企业各自的价值链衔接起来，构建产业价值链，形成新的价值通道，从而达到延伸产业链的目的。把上游企业的剩余物作为下游企业的输入资源进行再利用、再循环，产生新的资源，获得新的价值。经过这种资源的层级循环利用，使得资源高效利用、传统产业优化升级、社会关系良性发展、最终排入环境的废弃物最小化等，从而获得了经济价值、环境价值与社会价值。煤矿循环经济产业链的机理模型如图2-1所示。

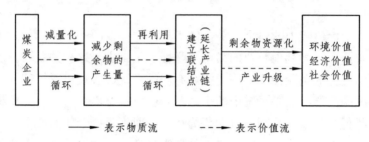

图2-1　煤矿循环经济产业价值链机理模型

煤炭产业的产业价值链就是指煤炭产业各种价值活动的集合，包括煤炭基本生产价值链和非煤价值链。

煤矿循环经济产业价值链的模式将煤炭产业价值链延伸至技术含量高、经济效益好、产业关联度强、产能匹配、互为依存的煤、电、冶、化等项目上来。构建以煤炭产业为核心，以电力产业、化工产业、建材建筑业、煤伴生资源利用业为支持的产业框架；形成以煤炭开采、洗选加工、煤焦化、煤泥矸石发电、甲醇的电化多联产系统。形成煤炭产业价值链延伸的大型规模、跨行业的多联产工业园区，将能源、环境保护、经济效益紧密结合成一个整体。按照这个思路发展才能把煤炭产业推向一个新阶段，创造好的经济效益、社会效益和环境效益。

第三节　剩余物综合利用产业价值链

依据"变废为宝"的机理，创建剩余物综合利用产业价值链。煤矿循环经济产业链尽可能地挖掘煤炭生产剩余物的用途，使得剩余物转化为辐射媒介，作为其他产业的输入资源，再利用、再循环，提高资源利用率，从而获得价值增量。

一、剩余物产业价值链模式

煤炭生产剩余物主要有煤矸石、煤泥、矿井水、煤层气等，现对其主要用途分析如下。

（一）煤矸石

煤矸石是煤炭生产和加工过程中产生的固体废弃物，每年的排放量相当于当年塔山矿煤炭产量的10%左右。煤矸石综合利用是资源综合利用的重要组成部分。其主要利用方向包括以下四点。

（1）燃料发电。含碳量较高（发热量大于4 180 kJ/kg）的煤矸石，一般为煤巷掘进矸和洗矸，通过简易洗选，利用跳汰或旋流器等设备可回收低热值煤，供作锅炉燃料，通过单独使用，或与煤泥、焦炉煤气、矿井瓦斯等低热值燃料混合使用发电。

（2）生产建筑材料及制品。煤矸石砖厂利用煤矸石全部或部分代替粘土，采用适当烧制工艺生产烧结砖，这是大宗利用煤矸石的主要途径。水泥厂在烧制硅酸盐水泥熟料时，掺入一定比例的煤矸石，全部或部分代替粘土配制生料。

（3）回收有益矿产及制取化工产品。对于含硫量大于6%的煤矸石（尤其是洗矸），如果其中的硫是以黄铁矿的形式存在，且呈结核状或团块状，采用洗选的方法回收其中的硫精矿。利用煤矸石中含有的大量煤系高岭岩，制取氯化铝、聚合氯化铝、氢氧化铝及硫酸铝。

（4）利用煤矸石充填采煤塌陷区和露天矿坑复垦造地造田。部分煤矸石作

为充填骨料回填井下空区，可从根本上解决困扰大多数煤矿的煤矸石处理难题。

煤矸石的产业价值链模式如图 2-2 所示。

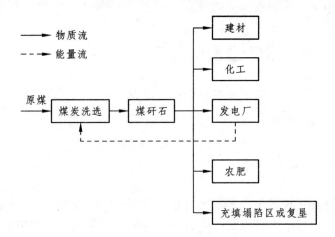

图 2-2　煤矸石的产业价值链模式

（二）煤泥

煤泥是煤炭洗选过程中产生的副产品。目前，对煤泥的综合利用已经成为发展循环经济的重要组成部分。供园区内的低热电厂，利用循环流化床燃烧煤泥、煤矸石发电采取热电联供，减少环境污染。热电厂产生的废渣，可用作水泥、砂浆、混凝土的掺合料，供建材厂使用。

煤泥的产业价值链模式如图 2-3 所示。

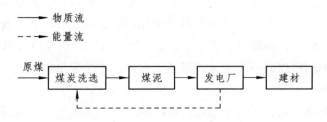

图 2-3　煤泥的产业价值链模式

（三）煤层气

煤层气主要指瓦斯气。从井下抽排出的煤层气，可直接作为居民生活燃料，经处理后可作为汽车燃料。瓦斯气也是生产化肥和甲醛等化工产品的上好原料。

瓦斯的产业价值链模式如图 2-4 所示。

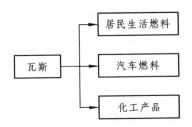

图 2-4　瓦斯的产业价值链模式

（四）矿井水

塔山矿井水主要源于煤炭开采和洗选过程，pH 值低、呈酸性、具腐蚀性、硫化铁含量多且水中含重金属离子，若不经处理直接排放，会污染周边水源，扩大缺水的程度。矿井水的循环利用是塔山循环经济的重要内容。

（1）采取必要措施，减少进入矿区的水量。

（2）对没被污染的地下水，因基本符合生活饮用水标准，可经过净化加工变成纯净水，供园区生活使用。

（3）对污染的水体，可通过生物污水处理系统净化后，作为园区内消防绿化、工业生产、周边农业生产用水。同时，生物污水处理系统生产的副产品，还是养殖业的主要原料。

矿井水的产业价值链模式如图 2-5 所示。

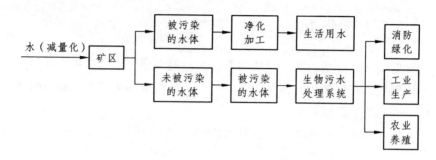

图 2-5 矿井水产业价值链模式

二、煤炭资源深加工产业价值链模式

（一）耦合产业价值链

循环经济园区通过跨行业产业的耦合，实现资源互补、梯级利用，提高资源利用效率，煤炭——电力联营、煤炭——化工联营，构成煤基多联产系统。

利用热值燃料办坑口电厂，变输煤为输电。减少了高灰煤的运输，又利用煤矸石、煤泥等低热值燃料，减轻环境污染，提高综合效益。在煤电联营的基础上，立足资源优势，运用高新技术和适用技术改造传统产以煤资源为核心，按照"煤—电""煤—电—化""煤—电—热""煤—电—建材"等模式进行跨行业发展，改变过于单一的资源型产业结构，提高资源的利用效率，有效降低成本，实现较好的经济效益和生态效益。

（二）煤基多联产

能源转化与化工产品多联产是近年来提出的新型技术体系，通过建立多种产品的生产关系网状结构，实现污染物低排放或无排放，以及资源的综合利用和能源的有效利用。多联产系统中，原来单独生产的系统在重新组合中可能被简化，对原料的要求降低，通过不同工艺的互补而提高总体效率，最终使产品成本降低。多联产具有跨部门、跨行业的特点，政府除加大投资力度外，应协调各部门之间的运作，从能源、环境、经济的战略高度出发，搞好多联产基地或区域规划。

如煤矿循环经济通过对煤炭资源进行深加工和综合利用，建立甲醇厂，提高煤炭资源的利用效率和产品附加值以获得经济效益。甲醇的产业价值链模式如图 2-6 所示。

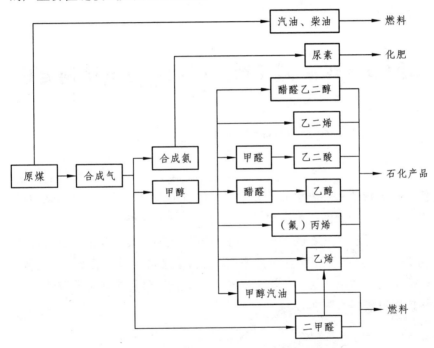

图 2-6 甲醇的产业价值链模式

甲醇可以替代汽油。使用车用清洁甲醇汽油可使汽车行驶中有害气体 CO 和碳氢化合物排放量降低 55%~90%，有效改善城市空气环境质量。二甲醚可替代柴油，使发动机的功率提高 10%~15%，热效率提高 2%~3%，燃烧噪声降低 5~10dB，NOx、CO 等污染物的排放量也相对较低。另外，二甲醚可燃性好、燃烧值高、液化压力低、无毒，可替代液化气作为民用燃料。

从二甲醚和甲醇出发可以生产多种高附加值的下游化工产品，如将甲醇和从合成气中分离出的 CO 进行羰基合成生产醋酸和甲醛等。另外，通过甲醇制烯烃（MTO）、二甲醚制烯烃（DTO）工艺从甲醇或二甲醚制取低碳烯烃，可极大缓解我国烯烃供需的尖锐矛盾，并开辟石油化工的新路线。

总之，对煤炭进行深加工是提高资源利用效率和整个产业经济效益的最有效手段。

第四节　煤矿循环经济产业价值链结构分析

一、煤矿循环经济产业价值链结构模型

煤矿循环经济产业价值链的价值结构包括三方面的内容：经济价值、社会价值和环境价值。其中，经济价值来源于循环经济体系中投入的减少、产出的增多，以及链上的企业都能获得一定的利润；社会价值来自通过产业链的延伸提供了一定的就业机会，改善了所属社区的生态环境，提高了企业声誉等；环境价值来自于减少了废物排放量、降低了污染防治费用等。综上所述，煤矿循环经济产业价值链价值结构模型可概括为图 2-7。

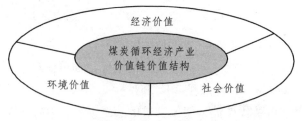

图 2-7　煤矿循环经济产业价值链价值结构模型

假定循环经济产业价值链上的两个企业 u 和 v。企业 v 的废物 j 引入到企业 u 中，部分或全部的代替物料 i；物料 j 也可以引入到链上的其他企业中去。企业间物流的连接要满足物料平衡关系：

$$\left.\begin{array}{l} f_{uj} = g_{uj} - r_{ij} \cdot f_{v.j.x} \\ \sum_{x} f_{v.j.x} = g_{vj} \\ f_{uj} \geq 0, f_{v.j.x} \geq 0 \end{array}\right\} \qquad (2\text{-}1)$$

式中：f_{uj} 表示企业 u 的第 i 种物料输入中自身提供的部分，g_{uj} 表示企业 u 第 i 种物料的总输入量，r_{ij} 表示每替代一个单位的 g_{uj} 需要 r_{ij} 个单位的，表示企业 v 的废物 j 引入到企业 u 中作为其输入物料的数量，g_{vj} 表示企业 v 废物 j 的总输出量。

假定只有当流量 $f_{v.j.x}$ 大于某个下限 $L^{f}_{v.j.x}$ 时，u 和 v 之间的物料 j 的连接才建立；建立物料连接可能还需要投资 I_u，而只有投资在其回报率 N_u 达到一定的标准 S_u 才有可能进行，于是得到

$$\left.\begin{array}{l} f_{v.j.x} - L^{f}_{v.j.x} \geq 0 \\ N_u - S_u \geq 0 \end{array}\right\} \qquad (2\text{-}2)$$

由于经济学中的"价值的形成"本质上是生产要素在转移自身价值时形成新价值的过程，在一定程度上可以用利润来定量的衡量。因此在假设（2-1）和（2-2）的前提下，得目标函数如下：

$$\max J = \sum (p_{sp} + p_{sb} - p_r - p_b - p_w - p_f - p_s)_u$$

目标函数是该产业链的最大年利润，目标函数中的 p_{sp} 和 p_{sb} 代表链上的企业出售产品和废弃物或副产品所得收入；p_r 代表购买新鲜原料的支出；p_b 代表购买其他企业的废弃物为原料所付的支出；p_w 代表企业因向环境中排放废弃物所付的环境成本，主要指废弃物污染造成的经济损失，包括堆存费、占用土地的经济损失、污染造成的经济损

失、因排污而交的罚金等；p_f 代表由于建立企业间的产业链所导致企业固定资产投入的增加；p_s 代表因向环境中排放废弃物所付的社会成本，主要指解决因排污造成周边社区的投诉而发生的费用以及因资源浪费、环境污染产生的一系列社会问题造成的费用等。对于每一股物料连接，满足约束条件（2-1），其他约束包括原料供应约束、环境容量约束、投资规模约束、社会效应约束等。现应用以上模型，对煤矿循环经济产业价值链的经济价值、环境价值、社会价值的形成分别进行分析。

二、经济价值形成分析

（一）基于低成本传导的经济价值形成机理

煤矿循环经济产业价值链的形成为链上的产业带来低成本优势，主要体现在生产成本和交易成本上。其中，生产成本包括废弃物的处理或排放成本、原材料购置成本等。煤矿生产排放量最大的固体废弃物煤矸石，其产生量一般为煤炭生产的 10%左右；煤泥作为煤炭洗选过程中的废弃物，颗粒细，水分高，遇水即流失，风干后飞扬，是矿区的主要污染源之一；另外，煤层气（瓦斯）、矿井水、伴生矿物、共生矿物等产量也十分惊人。如果这些废弃物或副产品一并自行处理，无论是排放、堆放还是做环保处理，费用都相当可观，在整个成本构成中将占有很大比例。而通过煤矿循环经济产业价值链，有再利用价值的煤炭生产废弃物都可以作为链上其他企业的原材料，形成多种产业链，如"煤矸石、煤泥—热电—市场""粉煤灰—建材—市场""矿井水—净化—市场""高岭土—化工—市场"等。变废为宝对于产业链上游煤炭生产企业来讲，废弃物或副产品的处理或排放成本以及因出售废弃物或副产品所得收入相应提高，于是在假定模型中其他参数不变的情况下，利润得以提高，价值得到优化。对于链上利用煤炭生产废弃物或副产品的企业来说，如利用煤矸石、煤泥或瓦斯的电厂，利用煤矸石、粉煤灰的建材厂及利用掘进废石的建筑企业等，其成本优势在于：因为所用的原材料是上游企业的废弃物或副产品，因此通过协议以低廉的价格购入，甚至是无需购买就可得到，因此购买新鲜原料的支出 p_r 大幅削减，购买其他企业的废弃物为原料所付的支出 p_b 的增加又非常少；并且还很有可能因主动收购废弃物或副产品而得到一定的政策优惠，从而使得成本进一步削减，在假定其他参数不变的情况下，利润得到提高。煤矿循环经济产业价值链另一个显著的成本优势在于交易成本的降低。煤炭生产废弃物种类多、数量大、污染重，造成煤炭资源循环利用技术及其设备的投资大、专用性强，如矸石和煤泥混烧的循环流化床锅炉燃烧技术、循环流化床炉内脱硫技术和静电除尘技术、各种类型的矿井水资源化利用技术等。如果使用效率不高，造成 $N_u - S_u < 0$，则价值优化模型的约束条件无法满足，构成极大的投资浪费，所以投资大。而煤矿循环经济产业价值链形成后，由于链上的企业大都属于不同的产业，形成的产业链较丰富，可以使资源层级循环利用，并且需求废弃物与供给废弃物的企业和规模都相对固定，加之还可能享受一定的优惠政策，因此使得资产专用性风险大大降低。

另外，由于链上容易形成大批量、连续性和质量稳定性强的产品需求与供给，因此担心交易产品数量质量不稳定而产生的不确定性影响也大大降低。再者，只要链上企业的生产经营活动不停止，那么链上的交易就不会中断，交易的高频率就有保证，模型的约束条件 $f_{v.j.x} - L_{v.j.x}^f \geqslant 0$ 得到满足。

综上，纵然在建立产业链之初时会产生一定的交易费用，但其特点如资产专用性、不确定性和交易频度等决定了建立产业链后交易费用会有效降低。

煤矿循环经济产业价值链的形成创造了一定的成本优势。产业链上的企业因这种低成本动力而提高了对构建煤矿循环经济产业价值链处理废弃物的兴趣，就会产生一种集聚效应，这种效应彼此产生积极的影响，有利于废弃物在产业链上的流动，从而进行低成本的良性传递。

（二）基于集群效应的经济价值形成机理

循环经济产业价值链上的各产业位于相对近距离的煤矿，比较集中，通过煤炭资源及生产废弃物的层级循环、综合利用，从而形成投入产出的利益关联体。这是产业集群的一种表现形式，具有明显的集群经济效应。首先，煤炭产业本身可以使得煤炭资源得到部分循环利用，但不可能将采选冶的代谢产物全部消化吸收，它所产生的大量废弃物只能依靠其他产业作为消费者，才能构成连续的工业食物链。通过煤矿循环经济产业价值链的形成所营造的集群效应，煤炭产业可以纵向延长产业链、横向拓展产业链，轻松的寻找到自身废物的消费者，节省投入，降低成本，多方受益。

由于煤矿循环经济是一种闭路循环的经济形式，单一的煤炭产业难以充分发挥循环经济的优势，需要进行以煤炭产业为中心的行业耦合，按照"煤—电""煤—电—化""煤—电—热—冶""煤—电—建材"等模式进行跨行业发展，改变过去单一的资源型产业结构，以提高煤炭资源的利用效率。

煤矿循环经济产业积聚的高增长效应，将在一定层次上带来区域产业结构的重组与优化，更有效的推进煤炭产业循环经济的快速、健康发展。

（三）基于高附加值产品或"变废为宝"的经济 价值形成机理

构建煤矿循环经济产业价值链有两个重要目的：发展煤炭资源深加工，提高产品附加值，即提高了企业出售产品所得收入 p_{sp}；改变狭义的资源观，用好废物资源，即出售副产品所得收入 p_{sb} 得以提高。做到这两点既能实现煤炭资源的高效利用，同时还能产生巨大的经济价值。

"变废为宝"的机理是煤矿循环经济产业价值链经济价值形成的重要来源，也是链上企业加入该产业链的重要动力。

利用好每年产生的煤矸石、煤泥等低热值燃料，相当于增加煤炭产量，不但可免去每年煤矸石处置费，还可创造产值；同时，煤层气也是一种资源量巨大的非常规天然气，不仅可用作洁净、方便、高效的优质燃料，也是重要的化工原料。不但可以作为能源，还能用作城市生活煤气及化工原料合成氨、制备甲醇等。煤炭生产的废弃物种类众多，并且再利用价值高，通过煤矿循环经济产业价值链令其得到充分利用，将会产生高额的经济价值。

三、环境价值的形成分析

煤矿循环经济园区的环境价值的形成主要依靠对煤炭生产废弃物进行层级循环再利用，从而降低因向环境中排放废弃物所付的环境成本 p_w，主要包括废弃物污染造成的经济损失，包括堆存费、占用土地的经济损失、污染造成的经济损失、因排污而交的罚金等，并且能够通过废物利用获得一定的经济价值。

煤炭资源在开采加工过程中污染物主要有矿井水、煤泥水等水污染物，燃煤和甲烷瓦斯等空气污染物，煤矸石、煤泥等固体污染物等。其中，矿井水作为典型的水污染物，是含高浓度悬浮物的普通矿井水，排入河道会造成严重污染。通过塔山循环经济园区建污水处理厂，对矿井水进行净化处理。处理后的矿井水作井下生产用水，用于井下除尘、灭火等，既降低了外排量，又减轻了矿井水对环境的污染程度，还可以被园区内的其他产业利用。空气污染物瓦斯和二氧化硫等气体，通过煤矿循环经济产业价值链，建立矿井瓦斯抽放系统进行区域性预抽及采空区抽放等多种形式并存的综合抽放，提高抽放效率；启用瓦斯民用系统，除供给区域居民和周边居民利用之外，剩余气量还可用作发电或制造甲醇、炭黑等。如此综合利用后，瓦斯排放会大大降低。

固体废弃物的煤矸石与煤泥，通过园区内煤矿循环经济产业价值链，可以用于发电、建材、土地复垦等，在创造较高的经济效益的同时，还收获了可观的环境价值。

四、社会价值的形成分析

循环经济的社会价值和社会效益，主要指通过构建煤矿循环经济产业价值链，改善生产及周边社区环境，减少污染，减少对工业及人民健康造成的伤害，通过产业升级增加就业促进社会稳定等，从而降低因向环境中排放废弃物所付的社会成本 P_s，如解决因排污造成周边社区的投诉而发生的费用、因资源浪费、环境污染产生的一系列社会问题造成的费用等。

处理好与周边社区间的关系是煤炭企业顺利进行生产经营的重要保障，也是树立良好社会形象的重要环节。建立煤矿循环经济产业价值链，能够实现良好的环境绩效，为企业改善与当地社区的关系提供了可行的途径。

煤矿循环经济产业通过采用清洁生产和技术创新减少了对能源、水、资源的使用，从而减少了对环境的负面影响；实现了企业和当地社区合作来支持煤矿循环经济产业价值链的资源交换及再循环、再使用等活动。

形成煤矿循环经济工业园区，将会使煤炭现有单一、过短、过窄的产业链得到丰富和升级，提供就业岗位，有效缓解煤炭资源的高开采、高排放、低利用现状，煤炭资源的高效利用及可持续发展。

第三章 典型煤矿循环经济复杂系统

　　从系统论角度来看，循环经济系统是一个复杂系统，循环经济复杂系统是由目标系统、内部系统和外部系统三部分组成的[3]，是一个不同层次间多层次、同一层次中多因素的复合结构系统。其系统间的关系、因素间的关系、信息传递的相互关系等反映了循环经济系统结构上的复杂性。

　　煤矿循环经济系统作为一个复合结构系统，它的复杂性来自于一种共性，即普遍性外化结构的复杂性，这种复杂性不仅包括各并列系统单元的属性差异，也包括纵向排列的系统单元涉及的特殊性和普遍性。它是一个复合藤网结构，也是一个人工系统和柔性社会系统的结合体。其系统间的关系、因素间的关系、信息传递的相互关系反映了这个系统结构上的复杂性。这种结构的产生、子系统的划分和功能的分配完全是管理者、施工者的主观信息的产物，有着多种不同的结构状态。本章基于煤矿循环经济系统的两个实践典范——西山煤电集团古交煤矿循环经济系统和大同塔山煤矿循环经济系统，构建具有多层级喂给关系的煤矿循环经济复杂系统。

第一节 西山煤矿循环经济复杂系统

西山循环经济园区是体现全面与彻底的示例，全层面、全园区产业链结构、全系统、全生产过程、全循环体系、全系统生态的循环经济、绿色开采与环境保护的工业园区。

一、西山循环经济区域大、局域中、矿域小循环 全面循环经济

西山循环经济工业园区从矿井、矿区和社会三个层面实现循环经济发展。实现这一经济发展模式关键是促进资源回收率、转化率和利用率的提高，产品生产和消费过程中废弃物排放的减少，以期实现经济效益、社会效益、环境效益的共同发展。

（一）在矿井煤炭开采层面，实现资源绿色开采的 矿域小（微）循环

1. 在循环经济的源头——矿井煤炭开采的层面上，推进 清洁生产，实现资源开采的小循环

面对矿区传统工业生产模式对自然生态环境造成的影响，西山煤矿探索新的生产替代模式，以利于工业生产与自然生态环境相融洽。由于对自然生态环境影响的源头在于微观煤矿企业的煤炭生产过程，因此，应从微观层面这个污染源入手，提出"清洁生产"这种生产模式。

相对于传统生产方式，"清洁生产"是一种新的生产方式，其创造性思维是将整体预防的战略持续应用于生产过程、产品和服务之中，

以期增加生态效率，减少人类和自然的风险。同时，"清洁生产"对生产过程、产品和服务提出了各种要求，它要求生产过程节约能源和原材料，减少产生废弃物的数量；它对产品要求减少从原材料加工到产品处置的全生命周期过程的不利影响；而它要求将环境因素纳入设计和提供的服务中。

与传统的生产模式相比，"清洁生产"模式创新思想就在于对自然生态环境的重视和治理环境的方式由过去的"末端治理"转移到"源头控制"，由过去的被动治理到主动防治，由末点控制到全过程控制。所以，"清洁生产"是人们对自然生态环境保护理念的重大突破。实践证明，这是一种从生产过程角度比末端治理更有效的环境保护模式。

2. 从根本上实现矿区由被动的末端治理到主动的全过程煤炭生产预防转变

要想从根本上实现矿区由被动的末端治理到主动的全过程煤炭生产预防转变，为矿区环境的可持续发展创造微观条件，西山煤矿在矿井这一微观层面，根据生态效率理念，遵循"3R"原则，大力推行清洁生产，从生产过程和产品入手，提高资源、能源利用效率，减少废弃物产生量和排放量。通过千方百计地改善利用矿产资源的技术水平，使有限的矿产资源得到最大限度充分合理利用。

（1）改进矿井开采技术，减少开采过程中的物料使用量和有害物质的排放，综合开发伴生资源。改革矿井开拓布局、巷道布置方式和采矿工艺，尽可能采用先进技术装备和工艺实现规范化生产，对矿产资源、水资源、土地资源和共伴生资源等进行综合开发。

① 改革巷道布置方式。由于煤炭生产过程中排出的矸石主要来源是岩石巷道的掘进，而它与矿井开拓系统和采区巷道布置紧密相关。所以，改革巷道布置方式，积极发展少开岩巷的矿区开拓与巷道布置，能够从源头上控制矸石的排放量。这充分符合清洁生产的"源头控制"理念。

② 优化采煤方法和工艺。这样既可以提高煤炭的质量也可以实现、

煤柱与残煤、边角煤的回收，"三下"开采、矸石回填、矸石不出井等多种绿色开采与环保目标。

③ 提高煤矿生产污水的处理技术。通过对矿井水的分类处理和水采矿井的闭路循环，可以减少污水的排放量；

④ 积极利用井下瓦斯抽放抽采技术。由于煤矿矿井通风向大气排放的废气数量和含有的有害成分的多少，主要取决于矿井煤层瓦斯的含量和生产时的瓦斯涌出量，所以利用瓦斯抽放技术不仅可以保证安全生产而且还可以减轻矿井对环境的污染，做到"化害为利，变废为宝"。

⑤ 运用减少对土地的破坏的采煤技术，如采用房柱式、条带开采、充填技术等。

⑥ 提高资源回收率，建设节约型企业。煤炭是不可再生资源，是煤炭企业赖以生存和发展的基石，谁占有更多的资源谁就在未来的市场竞争中处于更加有利的地位，实行精细化开采。

总之，西山煤矿应从采区布局、工作面布置、回采工艺、方法、设备选型、现场管理、计量考核、奖惩政策等多个方面入手，提高资源回收率。一是积极开展"三下"采煤技术攻关，解放"三下"呆滞煤量。二是运用高科技手段，开展防灭火技术实验研究，逐步解放受火灾威胁的呆滞储量技术。探索断层煤柱、边角煤柱开采技术的试验研究，最大限度回收煤炭资源，最大限度利用好矿区现有资源。三是努力开发先进适用的节约和替代技术，积极推广新型支护材料和节能电器。四是广泛采用先进技术，淘汰落后设备、技术和工艺，大力推进节能、节水、节材和资源综合利用的技术改造。五是大力开展回收复用、修旧利废。搞好清洁生产，注重环境保护，搞好煤矸石、粉煤灰的综合利用，实现经济与环境的协调发展。

（2）应用先进洗选加工转化技术，提高矿区的产品层次，减少污染和浪费。

矿区作为众多工业生产能源和原材料的供应者，它的产品性能对后续厂商的产品具有重要影响。所以，加大对矿区矿产资源这种产品的清洁生产控制对于自然生态环境和其他厂商的生态经济系统的保护有重要作用。对于煤矿来讲，应对原煤产品进行粗加工、深加工和精加工，大力加快发展选煤、动力配煤、民用型煤、水煤浆，开发利用煤层气，研究煤炭燃烧技术，使煤炭高效、洁净燃烧。总之，提高矿区的产品层次，减少污染和浪费，从技术层面上讲，主要体现在洁净煤技术方面。

①洗选煤技术。矿区通过对原煤的洗选，可以去掉原煤中的有害物质，并加工出不同用途的产品，这样既可以保证煤炭产品的质量要求，适应不同用户的不同要求，经济有效的利用资源，又可以避免煤的无效运输，减少运力浪费。这样不仅利于环境保护，加强矿区清洁生产的影响深度，而且也能提高企业的市场竞争力和经济效率，西山各矿实施精选精洗的先进技术的创新与应用。

②型煤技术。它是将粉煤、煤泥、焦粉压制成块状燃料的技术，它可以将原来不适用的粉煤、煤泥等变成优质燃料，同时可以减少粉煤和煤泥对环境造成的污染。

③配煤技术。它通过将若干种不同种类、不同品质的煤，按一定的比例掺配、加工成一种混合煤，这样可以向不同的用户销售不同的煤质、质量稳定的产品，从而提高煤的利用效率，进而可以在煤炭利用时减少对环境的污染，达到节能和环保的要求。

④煤的转化技术。它是指将煤进行焦化、气化和液化，扩大煤的适用范围。例如煤经过液化，可以缓解日益紧张的运输燃料压力。煤的转化技术由于改变了煤的利用方式，可以有效地控制煤炭利用过程中有害物质的排放，从产品角度考虑环境问题。

（3）发展坑口大机组火电，促进煤电联营，节约运力，减少污染。发展坑口大机组火电，变运煤为输电，逐步使多数煤炭用户变燃煤为用电，既可以节约大量人力，又能提高能源利用效率，还可以减少煤炭终端消费，减少分散污染源。同时，坑口电厂可以就地消耗大量低热值燃料，降低煤矸石和煤泥对环境造成的污染，缓解运输压力，降低发电成本，调整矿区产业结构。西山循环经济园现有中煤、煤矸石、煤泥综合利用电厂三座，装机规模共计196.2万千瓦。

（二）在矿区层面，建设生态工业园区，实现资源利用的局域中循环

如果煤矿的"清洁生产"在微观层面的单个个体进行，对于局部环境改善虽有作用，但对于中观层次的矿区来说，其作用将受到限制。所以，仅仅依靠实施清洁生产来解决整个矿区的生态经济系统所有问题是不现实的。因此，西山矿区在寻求矿区可持续发展的过程中，在考虑单体的基础上，更要从总体上来考察整个矿区可持续发展问题。

矿区生态经济系统是一个人工复杂系统，由于人的扰动，矿区生态经济系统同自然生态系统相比存在差别。其本质差异在于物质与能量流动的"食物链"不像自然生态系统"食物链"那样是一个"闭环"过程，而是一个"开环"过程，这样矿区生态经济系统就表现出不完全生态属性。因此，从总体上考察矿区生态经济系统的可持续发展问题，就必须从整体入手，变矿区的不完全生态属性为完全生态属性，从而使矿区生态经济系统像自然生态系统一样多个个体共存一体，实现矿区工业生态化。

在矿区可持续发展研究中，如果忽视或轻视生态产业共生体系构建，则根本谈不上实现矿区的可持续性：一个粗放的单一产业格局，承担不起可持续发展的经济基础性作用，更谈不上与区外经济耦合协同发展；一个内部互相独立的、条块分割的"孤岛式"运行的系统和"坐吃山空"的发展模式也是无法长期生存和演进的。矿区可持续发展应从产业基础设计入手，构建矿区生态产业共生体系。矿区生态产业共生体系的建立不仅能达到区内经济、环境和社会的"三赢"理想状态，同时也为今后矿区产业集群的形成，进而创建与区外经济耦合协同发展系统给出一个科学有效的平台，提高可持续发展的能力和水平。

在矿区周围，以矿业为依托，形成了一系列的矿业辐射企业和独具特色的区域经济，未来的发展趋势必将是区域经济一体化，脱离了区域经济的协调发展，矿区就会陷入孤军奋战状态。因此，以矿业为

龙头，联合周边的第一、二、三产业，建成零排放、高就业、高效益的生态工业园区，这是矿区及区域经济、社会、环境可持续发展的最佳选择。

（1）以煤炭企业为核心，在推行清洁生产、发展生态企业的基础上，积极引进建设与现有企业配套互补的企业和项目，努力实现企业间资源的循环利用与园区内废物的零排放，并通过产业、企业间的协调合作，逐步形成产品或废物"食物链"（加工链），谋求工业群落的优化配置，节约土地，互通物料，提高效率，最大限度地实现经济、社会和环境三个效益的统一。具体地说，在园区内，设计一个产业关联度高、协调发展的产业链，如：煤、电、化工产业链；煤、电、养殖、种植一体化产业链；煤、矸石、建筑材料一体化产业链等，使得产业间的原料、废料尽可能被充分、综合利用，寓环保于生产中，使整体环境容量需求最小化。

（2）以煤炭企业为核心，联合区域内相关企业及农业部门、居民生活区、信息服务部门等，形成一个自然、工业和社会的复合体。复合体通过成员间的副产品和废物的交换、能量和水的逐级利用、基础设施和其他设施的共享来实现整体在经济和环境上的良好表现。

（三）在社会层面，实现资源利用的区域大循环

从全社会角度看，矿区减少了消费过程中的资源浪费和污染，实现了消费过程中和消费过程后物质和能量的循环，从而实现了在社会层面上资源利用的大循环。对于大西山矿区来讲，变末端治理为源头控制，变分散治理为集中控制，减少了矿产品消费过程中的资源浪费和污染，实现了消费过程中和消费过程后物质和能量的循环。因此，矿区为实现区域社会循环经济打下良好基础。

一方面，使用清洁能源，调整能源消费结构。西山矿区城镇树立起使用清洁能源的意识和理念，发展和使用二次能源和可再生能源，改变能源消费结构，推广应用热电联产和集中供热，并形成优

质能源优先供应商业和民用的能源供应机制，减少环境污染。改变矿产品消费结构。大力推广矿产资源洗选加工技术，将大量的原矿直接利用转变为利用洗矿、型矿等，以提高消费过程中的能源效率，减少环境污染。

另一方面，清洁贮运。对煤炭产品来讲，建立封闭贮煤仓，减少露天煤炭堆放量，减少贮煤区的环境污染；同时建立封闭运煤系统，减少煤炭运输沿线的环境污染。

除此之外，西山矿区还积极配合所在地区或城市的市政基础建设，对传统工业设施进行改造，把矿区管理融入到区域生态管理与建设之中。

二、西山循环经济的大循环体系

西山循环经济工业园区生产形成自然生态系统的封闭体系，其中的一个单元生产的"废弃物"变为另一个单元的"原料"或投入物。形成一个互相依存、互相作用，自然生态"食物链"的工业生态系统。形成生态系统环境承载力、物质、能量和信息高效组合利用工业生态系统稳定协调发展的新型工业组合和发展的形态。

同"清洁生产"模式相比，西山生态工业是一种较高的形式，它从系统整体的角度分析和利用不同生产单元的废弃物，并构架起废弃物利用的形式将各个个体单元组装在一起。它不仅从根本上解决了区域废弃物对自然生态环境的污染问题，同时也为区域产业发展提供了新的思路和空间。

西山循环经济园区以煤矿为龙头，配套建设洗煤厂，实现动力煤的洁净生产；洗煤厂生产的精煤通过铁路专用线装车外运，筛分煤、中煤进入配煤厂，混配后送至坑口电厂；分选出来的煤矸石输送到煤矸石砖厂；坑口电厂排出的粉煤灰，作为水泥厂和砖厂的原料；采煤过程中采出的瓦斯和伴生资源煤层气作为瓦斯电厂的燃料。这样，各个生产单位首尾相接，环环紧扣，上一个生产单位产生的废料正好是下一个生产单位所需的原料，使资源逐层减量利用。

该园区以煤矿为核心，以煤炭、焦化、甲醇、热电联产和环境综合处理六大系统为框架，通过盘活、优化、提升、扩张等手段，建立生态工业示范园区。各大系统内分别有产品产出，各系统之间通过中间产品和废弃物的相互交换而互相衔接。示范基地园区主要由四条主生态产业链组成：一条是"煤—焦炭—化工"生态产业链；一条是"煤矸石—建材—砖厂"生态产业链；一条是"中煤（末煤）—综合利用电厂发电—煤气联产"生态产业链；一条是"煤伴生物—煤层气（铁矿、铝矿）"生态产业链；一条"煤—坑口电厂—粉煤灰—水泥"生态产业链。各条主生态产业链相互之间构成了横向耦合关系，并在一定程度上形成了网络状。由于每条生态产业链的上游生产过程中产生的废弃物用作下游生产过程的原料，从而形成一个比较完整的闭合生态工业网络。园区内的资源得到充分配置，废弃物得到有效利用，环境污染减少到最低水平，达到低投入、高产出、低污染、高效益的理想目标，创造工业与自然和谐共处的生态景观，为全国煤炭工业资源开发提供了理论支持和可以模仿的实践模型。

西山煤矿具有物质和能量的梯级流动的"食物链"流程，并且在这个流程中产生了使其不具有完全生态属性的"废弃物"，不同产业生态群落代谢的不同的营养物料逐级吸收利用，发展成为生态产业链。所以西山矿区按照生态工业学的基本原理，通过企业之间的物质集成、能量集成和信息集成，形成企业间的工业代谢和共生关系，建立全矿区循环经济工业生态园区。

根据西山煤电集团的资源禀赋条件，指导规划建设循环经济园区及设计生态产业群落，产业链系统和节点工程项目，建设循环经济体系。实质上西山循环经济体系是由古交循环经济园区、前山转型发展新兴工业园区、兴县循环经济园区、汾阳"煤—焦—化"工业园区和安泽"煤—焦—化"工业园区同时，焦化产业链延伸到北京唐山等地，在此下游产业建设炼焦厂，形成产业链，构成整个西山循环经济的区域大循环体系，如图3-1所示。

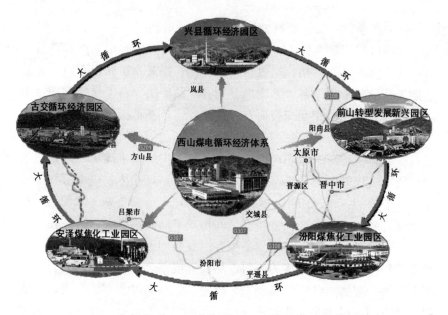

图 3-1　西山循环经济的大循环体系图

第二节　古交循环经济复杂系统

古交循环经济园区示范基地是西山煤电循环经济系统的主要的子系统，位于屯兰川和原平川，以屯兰川为主，接近古交市区的 10 公里的狭长地带。古交循环经济园区示范基地主要以煤炭、电力、煤化工和煤层气及伴生资源产业为主，总占地面积约为 20 平方公里；循环经济园区南起马兰矿，北至西区矿，横亘马兰镇和屯兰川占地面积约 10 平方公里。主要以马兰矿、屯兰矿、镇城底矿、西曲矿、东曲矿各矿循环经济子系统为产业节点，以煤矸、中煤运输通道为链条线，沿屯兰川延伸拓展绵绵几十里，形成矿区中循环的循环经济产业生态集群面、多矿集约化循环经济园区模式。

古交循环经济系统的产业生态群落：统筹以煤炭为主的能源开发、

综合利用、生态环境建设等各个方面，合理延伸和优化"煤—电—材""煤—焦—化"和"煤—伴生资源"产业链，做到废弃物资源化，保护矿区生态环境；促进经济效益、社会效益和生态效益的统一，实现区域经济的和谐发展；突出高技术起点和一体化、规模化经营，在各产业规划项目的安排上，坚持新技术、高起点的项目准入制，全面采用国内外最先进的技术，集中并优先建设规模大、附加值高、竞争力强的项目，形成大产业集群。同时，基地建设要突出煤炭、电力、化工、冶金上下游产业的一体化经营，充分发挥产业集群的优势；做好资源总量平衡，提前关注并解决瓶颈问题，将古交示范基地作为一个产业系统，统筹实现基地内有关能源、化工和冶金产业各种内蕴经济资源量的大体平衡。以煤炭为基础，以流通为网络，以资源为保证，提前安排好后续产业所需的煤种煤量，提前考虑与之相配套的公路、铁路运输能力和电力供应能力，提前安排水资源的保障，提前安排废弃物诸如煤矸石资源化项目等等，做到统筹考虑，重点攻关，快速推进；以满足环境生态承载力和保护节约耕地为前提，古交地区生态环境脆弱、植被稀疏、水资源短缺，水土流失较为严重，是古交产业基地项目建设的较大制约条件。为此，在规划编制中坚持以环境生态承载力允许为前提，贯彻在保护中开发、在开发中保护的原则，加大生态环境建设力度，不断增强区域的环境生态承载力，最终实现发展经济与保护环境的双赢。

一、第一循环层次——一级产业生态群落

古交产业基地总占地面积 20 平方公里，"煤—电—建材""煤—焦—化"和"煤—伴生资源（煤层气）"三条产业链贯通连接五矿小循环体系；各循环经济园区产业链上的节点项目，以煤矿为起点，包括选煤厂、污水处理厂等形成了微循环的循环经济体系；而产业链由铁路、公路和专用运煤通道为联结，形成以矿井为龙头，以煤、电、化为核心的产业集群，集约优化，水、电及环境资源共享，集中供水、供热

和水处理，统筹环境治理和生态环境建设，形成了一个中循环的循环经济体系。

古交循环经济园区产业链的起点或首端节点产业项目、龙头产业——屯兰、马兰、西曲、东曲和镇城底矿五矿和整合的煤矿，以及正在建设的杨庄煤矿和陈家社煤矿，生产的产品煤炭是整个循环经济园区内各个产业的物料源头，为循环经济园区生态群落的一级营养级，位于代谢层的最顶层，为二级产业生态群落提供营养，也是循环经济园区的命脉，园区生态群落营养级构成如图3-2。所以各个煤矿项目的运行状态将影响整个循环经济园区循环状况。这些节点项目主要是园区小循环的煤矿、选煤厂和污水处理厂及矿内的有关节能减排、绿色开采、生态与环境保护的循环经济项目。

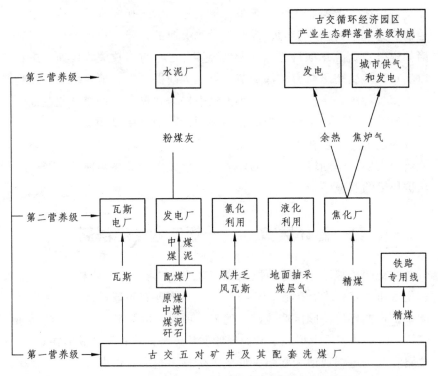

图3-2　古交循环经济园区产业生态群落营养级构成

（一）屯兰节点项目：屯兰矿、选煤厂、污水处理厂

屯兰矿是国家计委和煤炭部确定的基本建设体制改革试点项目，于 1987 年列入国家计划，1988 年开工建设，1997 年 10 月 31 日建成并试生产，2002 年 10 月正式投产。原设计年生产能力 400 万吨，2004 年通过环节改造和能力形成 500 万吨生产能力，2006 年核定年生产能力为 500 万吨。矿井先后通过 ISO 9002 质量管理体系认证、ISO 14001 环境管理体系认证和 OHS 18001 职业健康安全管理体系认证。按照"三新三高"（新矿井、新体制、新机制；高起点、高标准、高效益）要求建立。矿井资源充足，煤质优良，工艺先进，装备精良，机构精简。

屯兰矿井田面积 73.33 km²，工业储量 10.28 亿吨，可采储量 6.28 亿吨。主要煤种有焦煤（62.6%）、肥煤（11.5%）和少量瘦煤，其中焦、肥煤具有低硫、低磷、黏结性强、结焦性好等特点，是冶金、化工、电力等行业需要的优质原料，也是理想的环保用煤。主要供应宝钢、武钢、鞍钢，部分出口日本、韩国。

屯兰矿选煤厂地处山西省古交市西南 8 公里屯兰河谷内，工业广场占地面积 0.18 km²，原设计年入洗原煤 400 万吨，1997 年 10 月 31 日进入试生产阶段，2002 年 10 月 31 日正式投产。2003 年通过技术改造将原有的"跳汰—浮选"联合流程，改造为无压重介三产品、浮选联合流程工艺，2004 年对浮选系统及快速装车系统进行改造，生产能力达到年入洗原煤 500 万吨。入洗原煤基本上来自屯兰矿井，主要洗后产品以国家十级、九级冶炼焦精煤为主，副产品以优质混煤为主，精煤产品硫分均衡，黏结指数稳定，畅销国内重点钢铁、焦化企业，远销日本、韩国、印度、德国、巴西等国家和地区，洗煤副产品全部供古交电厂发电。厂机关设考核办、生产技术科、安监站、财务科和物资供应科，生产系统设有准备、洗煤、电气、运销、煤泥水、煤质 6 个车间。

（二）马兰节点项目：马兰矿、选煤厂、水处理厂

马兰矿是一座新型的现代化矿井，是国家"六五""七五"期间建设的国有特大型重点煤矿。马兰矿于 1983 年 11 月 20 日开工建设，1990 年 6 月 27 日正式投产，设计年生产能力 400 万吨，服务年限 139 年。马兰矿井田面积为 120 平方公里，工业储量 12 亿吨，可采储量为 8 亿吨。主要产品为经洗选加工后的肥精煤，产品销往国内 30 余家钢铁厂。

2009 年，马兰矿在面临安全与经营的双重压力下，全矿上下团结一致，迎难而上，奋力拼搏，整体工作取得新成就，矿井保持全面、协调、可持续发展，获"全国煤炭工业行业一级安全高效矿井""2007—2008 年度省属企业文明单位标兵""2007—2008 年度省属企业文明社区"等荣誉称号。

与矿井配套的选煤厂马兰矿选煤厂于 1993 年 10 月 20 日建成投产，设计入洗能力 400 万吨/年。主要产品为十级精煤，精煤产品位居山西名牌产品之列，主要销往国内 20 多家大型炼钢企业，出口日本、韩国、巴西等国际市场。

马兰污水处理厂采用"撇油预沉调节+絮凝反应+斜管沉淀+砂层过滤（水力自动反洗）+加药消毒"先进工艺。

（三）东曲节点项目：东曲矿、选煤厂、污水处理厂

矿井于 1985 年开工建设，1991 年 12 月建成投产，年设计生产能力 400 万吨/年。矿区井田面积 60 平方公里，可采储量 4.6 亿吨，煤种有焦煤、瘦煤和贫煤。产品有焦精煤、瘦精煤和动力煤。

矿井采用平硐加斜井式开拓、条带式开采方式，采煤、掘进机械化程度 100%，大巷运输采用信集闭、漏泄通讯系统，安全生产、调度、通风瓦斯管理实现了电脑监控。采掘设计采用自行开发研制的 CAO 系

统，实现了采掘设计自动化。建成了企业局域网，实现了资源共享，极大地提高了企业整体的工作效率和工作质量。

与之相配套的选煤厂东曲矿选煤厂于 1991 年 10 月开工建设，1994 年 11 月 5 日正式投产，占地面积 12 公顷。设计入洗能力为 400 万吨/年，2009 年技术改造后，入洗能力核定为 300 万吨/年。主要产品有 12 级以下瘦精煤、发热量 17 580 千焦耳（4 200 大卡）以上的动力煤和山西兴能发电有限公司用原混煤。产品销往北京、河北、山东、天津等地。入洗原煤全部来自东曲矿井，原煤种类有焦煤、瘦煤和贫煤，原煤灰分 30%左右，±0.1 含量在 40%以上。全厂下设综合办公室、安全生产技术科、机电供应管理科。财务科 4 个职能科室和准备、主洗、煤质、煤泥水、运销、机电、汽车队 7 个生产车间（队）。选煤厂采用"跳汰粗选—重介旋流器精选—煤泥浮选"联合工艺流程，机械化程度达 100%。2009 年 9 月储装运系统和重介系统改造工程竣工剪彩，改造后的系统小时处理量由原来的 650 吨提高到 800 吨，洗选效率由原来的 89%提高到 93%，精煤回收率提高 3%（原煤不变的情况下）。

（四）西曲节点项目：西曲矿、选煤厂、污水处理厂

西曲矿 1979 年 8 月开工建设，1984 年 12 月 1 日正式投产，是我国"七五"重点建设项目，是改革开放以来，利用国际能源贷款建成的大型现代化矿井，也是古交矿区投产的第一对矿井。

西曲矿位于山西省古交市汾河北岸，地处吕梁山脉东麓，距山西省省会太原市 56 公里，井口海拔 983 米，井田走向长 6.5 公里，倾向宽 6 公里，总面积 39.5 平方公里。

与矿井生产能力相配套，建有一座大型现代化选煤厂，西曲矿选煤厂位于山西省古交市西北汾河北岸，年处理能力为 300 万吨，1985 年 9 月 18 日开工建设，1987 年 10 月 20 日建成投产。主要洗选设备由国外引进，国内设备配套。洗后产品为"西山"牌十级焦精煤，获"山

西省名牌产品"称号。产品主要销往国内大型钢铁焦化企业，部分出口日本、韩国等国。下设储运车间、主洗车间、煤泥水车间、电气车间、煤质科、运销科、汽车运输队；机关科室有综合办、生产安全技术科、供应科、机电科、财务科。原煤不分级入洗，经过两次技术改造，成为目前全国技术工艺最先进的选煤厂。

（五）镇城底节点项目：镇城底矿、选煤厂、污水处理厂

镇城底矿是国家"六五"重点建设项目。矿井于 1983 年元月开工建设，1986 年 11 月建成移交生产，是古交矿区第二对投产的大型矿井，矿井原年设计能力 150 万吨；2003 年矿井核定生产能力为 150 万吨，2005 年经重新核定批复的生产能力为 190 万吨。镇城底矿是一个生产炼焦煤的大型矿井，矿区总面积 23.8 平方公里。石炭系太原组和二迭系山西组为本区主要含煤地层，共含煤 13 层，可采煤层 8 层。全区煤层总厚度为 161.11 米，含煤系数为 10.42%，主采煤为 2、3 号与 8 号煤，所含煤层煤质以肥煤、焦煤为主。

镇城底矿选煤厂位于山西省古交市镇城底镇，由国家煤炭部太原设计院设计，建厂总投入 462 万元，1983 年 1 月动工兴建，1986 年 11 月 20 日与镇城底矿同时建成投产，原设计入洗能力为 150 万吨原煤，采用"跳汰—浮选"联合工艺流程；2003 年技术改造后，2005 年重新核定入洗能力为每年 190 万吨原煤。入洗原煤全部来自镇城底矿，矿井的 2、3 号煤（低硫煤）和 8 号煤（高硫煤）分采分运进厂，按比例进行配洗。原煤属中等易选煤，主要洗后产品为"镇城底"牌十级肥精煤（主要质量规格：灰分≤10%；硫分≤1.3%；水分≤12%；按发分 24%~28%；胶质层最大厚度 > 25 mm；黏结指数≥90），连年荣获"山西省名牌产品称号，主要销往国内大型钢铁、焦化企业，2005 年后部分产品出口日本、韩国。副产品洗中煤可供电厂作动力用煤。

（六）污水处理厂

五矿的污水处理厂采用"撇油预沉调节+絮凝反应+斜管沉淀+砂层过滤（水力自动反洗）+加药消毒"先进工艺。

2009年古交污水处理厂二期扩建工程投资6 101万元。搞好工程协调和监管，对工艺进行优化，年底工程基本竣工。通过一、二期系统顺利衔接，提高污水处理效率和质量，满足国家新的环保标准和考核要求，污水处理厂处理量由原来2万t/a提升至4万t/a。

（七）屯兰川地方煤矿

屯兰川的14座小煤矿整合成若干座30万t/a以上的大中型煤矿，山西古交义城煤业有限公司以古交义金煤业有限公司为主体整合古交镇义煤矿有限公司，古交义金煤业有限公司为生产能力30万吨/年的基建矿井，古交镇义煤矿有限公司为生产能力21万t/a的基建矿井。整合后地方煤矿生产能力合计为300万t/a。通过资源整合，进一步为循环经济园区产业链提供一定的煤炭资源保障。

以上建设项目五对矿井和配套的5座现代化选煤厂，以及23个辅助的附属设施，建设成为一个具有1 650万t/a生产能力和全国最大的焦煤基地和循环经济园区示范基地的一级产业生态群落。

（八）新建杨庄煤矿

建设生产能力为600万t/a的杨庄煤矿，为古交2×100万KW三期电厂提供燃料，煤炭运输可通过地下运输通道运输或铁路运输的方式进行。杨庄矿井被确定为白家庄矿业公司接替矿井，根据国家发改委发改能源〔2010〕281号《国家发展改革委关于山西省西山矿区总体规划的批复》文件，杨庄矿井已被国家发改委列为山西省西山矿区总体规划新建的 14 处矿井之一，并由国土资源部确定为白家庄矿业公司接替矿井。

杨庄矿井位于古交邢家社普查区南端草庄头村周围，南北宽约 7.5 公里，东西长约 12 公里，井田面积 97.9 平方公里，地质储量大致有 15.4 亿吨，规划产能为 500 万 t/a，主要煤种有瘦煤、贫煤、焦煤、无烟煤。

（九）陈家社煤矿

陈家社煤矿位于太原古交市，井田面积 70.33 平方公里，资源储量约 3.3 亿吨，规划建设规模 400 万 t/a，煤种以瘦煤为主。

二、第二循环层次——二级产业生态群落

循环经济园区的二级产业生态群主要依靠一级产业生态群提供营养物料。此循环经济体系的二级产业生态群项目主要是吸收消化一级产业生态群落——煤矿——所提供的营养精煤、中煤、煤矸石、煤泥、伴生资源如煤层气等。主要有电、焦化产业群落。

（一）电厂

1. 兴能发电有限责任公司二期扩建工程

二期工程安装 2×600MW 超临界参数直接空冷机组，主要以古交矿区选煤厂中煤、煤泥和煤矸石为燃料。项目年发电量为 660 000 万 KWh，年供电量为 603 800 万 KWh。

2. 兴能发电有限责任公司三期扩建工程

三期工程按 2×600MW 超临界参数直接空冷机组，主要以杨庄煤矿生产的煤为燃料。项目年发电量为 660 000 万 KWh，年供电量为

603 800 万 KWh。

3. 余热发电厂

本工程焦炉选用 QRD-2000 型热回收捣固式清洁型焦炉，该焦炉是在国外无回收/热回收炼焦技术及我国第一座热回收试验焦炉成功经验的基础上研发的第二代新型焦炉，具有建设投资少、动力消耗低、焦炭强度高、无常规焦炉酚氰污水排放、余热回收发电等特点，配套焦炉机械采用了捣固侧面装煤技术、平接焦工艺，大大降低了装煤出焦过程中无组织排放。

4. 东曲矿瓦斯电站

东曲矿瓦斯电站总装机规模 6×500KW，分两期建设，一期工程装机容量为 3×500KW，二期工程装机容量为 3×500KW。

5. 屯兰矿瓦斯电站

屯兰矿瓦斯电站总装机规模 11×3 000KW，为分三期建设，一期工程装机容量为 4×3 000KW，已建成投产发电；二期工程装机容量为 4×3 000KW；三期工程容量为 3×3 000KW。

6. 马兰矿瓦斯电站

马屯兰矿瓦斯电站总装机规模 4×1 800KW，为分两期建设，一期工程装机容量为 2×1 800KW，已建成投产发电；二期工程装机容量为 2×1 800KW。

（二）焦化工项目

1. 古交煤气化一厂 60 万 t/a 焦炭

本项目主要采用邻近煤矿生产的炼焦煤为原料，建设规模为 60 万 t/a。

2. 焦化二厂 60 万 t/a 清洁型热回收焦炉

本项目采用环保型无回收焦化生产工艺，煤焦油、粗苯和焦炉煤气一起作为焦炉燃料，建设规模为 60 万 t/a，一期四座焦炉 2009 年 11 月 1 日点火烘炉。

（三）煤层气综合利用

1. 古交煤层气地面抽采

屯兰、马兰和东曲矿煤层气井面积 150.8km²，施工井 600 口，其中 2010 年钻井 30 口，2011 年钻井 270 口，2012 年至 2013 年共完成剩余 300 口，总投资 189 400 万元。古交矿区煤层气地质储量 1 816.77Mm³，可采储量 726.708 1 Mm³，煤层气开发采用地面预抽井的形式。

2. 杜儿坪中部风井风排瓦斯

屯兰矿石家河风井通风瓦斯（乏风）作为原料进行氧化反应，并利用四台 VAM60.00-Ⅱ型乏风氧化装置进行氧化反应产生的热量制取饱和蒸汽生成热风给矿井供热，运行时总耗气量为 24 万 Nm³/h。

杜儿坪矿建中部风井风排瓦斯利用项目，消除乏风中的瓦斯，减少温室气体排放。采用 3 台沃克斯两机组加 1 台萨敏机组，小时利用风量为 1 603 000m³/h，实现外供热量 27.6 MW。

三、第三循环层次—— 三级产业生态群落

循环经济三级产业生态群落项目主要是吸收二级产业生态群落项目提供和代谢的营养物料，如电厂代谢的粉煤灰及其中的氧化铝；焦化厂代谢的煤焦油、粗苯和焦炉气、焦末；利用石灰石工艺产生的硅

钙渣等。产品主要有电石、氧化铝、合成氨、尿素、烧碱、乙烯、PVC（聚氯乙烯）、硅钙渣水泥、电石水泥、粉煤灰烧结砖等。

（一）古交高掺量粉煤灰复合水泥项目

1. 古交电厂 400 万 t/a 硅钙渣水泥生产项目

年产 30 万吨氧化铝消耗 120 万吨粉煤灰，将生成 240 万吨硅钙渣。利用硅钙渣生产水泥熟料，采用新型干法，两条 4 500t/d 水泥熟料生产线。所生产的 310 万 t/a 熟料，再掺入至少 20% 的粉煤灰和 5% 电厂脱硫石膏，磨制成 500 万 t/a 水泥。粉煤灰消耗量 180 万 t/a、脱硫石膏 20 万 t/a。

2. 100 万 t/a 电石渣水泥生产项目

采用先进的新型窑外分解"干磨干烧"工艺生产电石渣水泥。根据古交市富源煤焦有限公司电石项目的备案申请，在马兰工业区康庄村新建 60 万 t/a 电石项目（一期为 20 万 t/a，二期为 40 万 t/a）。按照 1 吨电石产生 1.16 吨电石渣的比例，60 万 t/a 电石将产生 70 万 t/a 电石渣，一条 2 500t/d 水泥熟料生产线可全部吃光。磨制成 100 万吨水泥时，还可掺加 20 万吨粉煤灰、5 万吨脱硫石膏。

此两项高掺量粉煤灰复合水泥项目，共 500 万 t/a 的生产能力，2 条 4 500 吨/日熟料生产线，将对古交电厂三期工程电力生产所产生的粉煤灰零全部利用，实现零排放。

（二）西山煤气焦炉余热和焦炉煤气发电项目

焦化一厂除了生产 60 万 t/a 的焦炭外，富余的煤气送到城镇底化肥厂作为化工燃料，或就地发电。焦化二厂焦炉废气余热用于发电，发电规模为 2×15 000KW，完成余热电厂主厂房及锅炉部分。

（三）配套项目

1. 古交市屯兰煤焦集运站铁路专用线项目

本项目建设目的是为了满足不断增长的屯兰川循环经济园区产业基地运输需求。本项目包括 2.08 公里铁路专用线、屯兰煤焦集运站、屯马铁路专用线改造、太岚铁路古交站改造。

2. 屯兰中心配煤厂

古交循环经济园区配煤厂是目前全国最大的中煤坑口电厂——古交电厂的配套项目，集中混配由铁路专用线、公路和东曲—古交电厂的地下运煤通道运送的五对矿井洗选出的中煤，为电厂提供燃料。

3. 东曲至古交电厂地下运煤通道

工程路线位于古交矿区的东曲矿与屯兰矿之间；运输规模为年运输燃料煤 300 万吨；运输东曲矿的原煤、中煤，年运输燃料煤 300 万吨。

4. 古交矿区胡岩刁 110kV 变电站项目

本项目建设主要是满足古交矿区用电负荷不断增长的需要，变电站将建在胡岩刁原炸药库旧址，建设内容包括变电工程和线路工程。

5. 古交中心污水处理厂二期扩建工程

古交中心污水处理厂一期工程（20 000m³/d）已于 2005 年建成投入使用。二期扩建工程规模增加处理量 20 000m³/d。古交中心污水处理厂位于古交市东曲，距电厂约 4 公里。古交污水处理厂不仅能集中处理生活污水，而且还能为产业基地的电厂和绿化提供水源。通过一、二期系统的顺利衔接，提高了污水处理的效率和质量，满足了国家新的环保标准和考核要求，污水处理厂处理量由原来的 2 万 t/a 提升至 4 万 t/a。

6. 乏风利用项目

矿井通风系统是煤矿安全生产的重要保障，矿井通风中含有的甲烷浓度小于 0.75% 的风排瓦斯，由于甲烷含量极低，用提纯分离和直接燃煤两种传统办法均不能解决风排瓦斯的有效处理问题，所以以前只能选择直接排放，造成了巨大的污染和能源浪费。通过建设乏风氧化机组将其销毁，不仅可以减少大量甲烷直接排放造成的环境污染和温室效应，还可以利用氧化机组产生的热量供热，为促进矿山资源的合理开发和综合利用发挥积极作用。

（1）杜儿坪煤矿中部风井乏风利用项目。

该项目建设规模为 3 台沃克斯 2（VOX-Ⅱ）机组+1 台萨敏（CH₄MIN）机组。本工程建设分两期实施，第一期建设 1 台沃克斯 2（VOX-Ⅱ）机组+1 台萨敏（CH₄MIN）机组，第二期建设 2 台沃克斯 2（VOX-Ⅱ）机组。

表 3-1　杜儿坪矿乏风利用项目主要技术指标

项　目	单　位	技术指标
建设规模	亿立方米/年	32.8
设备年利用小时	h	7 000
年消耗甲烷折纯量	m^3	$0.158×10^8$
年减排甲烷折合当量 CO_2	t/a	188 835

（2）屯兰矿石风井乏风利用项目。

屯兰矿石风井以风排瓦斯（乏风）作为原料进行氧化反应，并利用 4 台 VAM60.00-Ⅱ型乏风氧化装置进行氧化反应产生的热量抽取饱和蒸汽生成热风给石家河进风井供热。

7. 屯兰川小流域生态环境治理项目

本项目将对靠近古交市区 20 公里的屯兰川河段进行综合整治，包括对河道进行清理，在河道内设置橡胶坝，在枯水季节注入一定数量的矿井水，保证河道内常年有水。同时，在河的两岸进行绿化和边坡整治，防止水土流水和美化环境，将屯兰川建成有水有绿的公园风景。

表3-2　屯兰矿乏风利用项目主要技术指标

项　目	单　位	技术指标
乏风氧化装置处理总量	Nm^3/h	$2.4×10^5$
设备年利用小时	h	8 000
年消耗纯瓦斯量	Nm^3/a	$7.449\ 6×10^6$
年合计减排二氧化碳量	t/a	$9.76×10^4$
年余热回收热量	MJ/a	$4.33×10^7$
年余热回收利用可节约标煤量	t/a	1 480

8. 产业基地绿化项目

在道路两侧、办公区、采煤沉陷区、居民区以及厂区空地上进行绿化，根据当地的自然条件，选择合适的树种和灌木进行绿化和美化。对于坡度在25°以上的土地全部退耕还林。

9. 产业基地村庄搬迁项目

截至2003年年底，西山煤田古交矿区因采煤产生的塌陷区范围为77.18平方公里，共影响住宅建筑面积67.5万平方米，居民9 385户，30 402人，其中需搬迁治理的受损面积30.5万平方米，居民4 289户，14 082人。

古交循环经济园区在建设中坚持科学发展观，贯彻节约开发和高效利用、发展循环经济和实现煤炭就地转化的指导思想，在国家宏观政策的指导下，在现有煤炭、电力、化工和冶金产业的基础上，按照煤炭生产开发规模，安排后续产业规模、项目进度；以市场为导向，客观分析古交示范基地内各产业结构和微观循环经济运行特点，形成山西省乃至全国一流的现代化新型能源和工业基地。

古交循环经济复杂系统包括地面精煤、中煤、煤矸石及各种代谢物（工业废渣、固体排泄物、粉煤灰）运输系统；污水处理系统；洗选系统；焦化生产及化工产品加工系统；电力生产与运送系统；瓦斯抽放系统；地下绿色开采系统；三大产业链系统；节能减排系统；生态恢复系统；环境保护系统；管理信息系统等大系统工程，是一个典型的煤矿循环经济复杂系统。

第三节 大同塔山煤矿循环经济复杂系统

一、塔山循环经济园区的建设项目产业链

（一）塔山煤矿发展循环经济的目标

同煤集团站在科学发展的和世界环境保护的高度和世界上有影响力的企业合作，发展循环经济和环境保护，建设塔山循环经济园区。结合行业特点，提出了煤矿发展循环经济的四大目标：

（1）对地质环境的扰动最少；

（2）对矿产资源的开发最优；

（3）对资源的综合利用效果最佳；

（4）对生态环境的影响最小。

（二）反馈式循环经济发展模式

塔山煤矿摒弃了传统的"资源——产品——废弃物"单项直线式经济发展模式，采用"资源——产品——废弃物——再生资源"反馈式循环经济发展模式，优化产业结构，强化经营管理，提高经济效益，确立了走新型工业化道路的工作思路：

以提高资源利用率为基础，以资源的循环利用和无害化处理为手

段，以节能减排、经济社会可持续发展为目标，推动生态环境保护。

根据整个社会技术体系网络化的要求，运用现代科学技术，推动资源跨产业循环利用，综合对废弃物进行产业化无害处理。

纵向延长生产链条，从生产产品延伸到废弃物的回收处理，实现资源消耗的减量化、再利用和资源再生化。

推广洁净生产，生产洁净产品，在供应社会消费的同时引导社会消费，实现经济效益和社会效益的有机结合。

塔山循环经济园区以塔山矿井为龙头，配套建设洗煤厂，实现动力煤的洁净生产；洗煤厂生产的精煤通过铁路专用线装车外运，筛分煤进入坑口电厂，洗中煤、末煤供资源综合利用电厂发电以及煤化工项目生产甲醇，分选出来的煤矸石输送到煤矸石砖厂；坑口电厂排出的粉煤灰，作为水泥厂的原料；采煤过程中采出的伴生物高岭岩作为高岭土加工厂的原料。这样，各个生产单位首尾相接，环环紧扣，上一个生产单位产生的废料正好是下一个生产单位的原料，逐层减量利用。

"一矿八厂一条路"十个项目组成了"煤—电—建材"和"煤—化工"两条循环经济产业链，做到多业并举，实现煤炭资源利用的低消耗、低排放、高效率，从而更加有效地利用资源和保护环境。

二、"一矿八厂一条路"十大项目循环经济产业链

（一）1 500 万吨塔山煤矿

塔山煤矿是塔山循环经济园区的龙头项目，由大同煤矿集团有限责任公司、大同煤业股份有限公司和大唐国际发电股份有限公司共同投资兴建，现有资产 62 亿元，设计年产量 1 500 万吨，是全世界设计能力最大的井工矿井。井田面积 170.8 平方公里，地质储量 50.7 亿吨，可采储量 30 亿吨，煤质为特低硫、特低磷、中高发热量的优质动力煤，洗选后精煤发热量可达 5 800 大卡。

1. 塔山煤矿依靠先进的技术和设备，成为现代化矿井的引领者

塔山煤矿采用国内外先进的放顶煤开采技术和设备，极大地提高了煤炭资源回收率；引进大功率采煤机及工作面配套设备，保证了设备运行的可靠性；引进无轨胶轮车辅助运输系统，极大地降低了工人的劳动强度，提高了劳动生产效率，缩短了工作面搬家准备时间；采用小时能力达 6 000 吨的大功率胶带运输机集中运煤，保证矿井生产不受运输环节制约；配备了现代化的监测、监控系统，对井下、地面的人员、环境和设备进行实时监测，实现了远程集中控制。

2. 塔山煤矿开工建设至今，创造了同煤集团发展史上的"五个之最"

这"五个之最"即建井速度最快、工作面单产最高、人均效率最高、工作面回收率最高、万吨巷道消耗率最低。塔山煤矿曾被评为全煤系统文明煤矿、全国煤炭工业特级安全高效矿井、全国企业文化优秀单位、山西省煤炭科技创新双十佳煤矿，并先后获得山西省"五一"劳动奖状、山西省电煤"三保"活动先进集体、山西省国有企业创建"四好"领导班子先进集体、大同市改革开放三十年"十大活力企业"等多项荣誉。

（二）1 500 万吨塔山选煤厂

塔山选煤厂是塔山循环经济园区的重要配套项目。

塔山选煤厂代表了国内外煤炭洗选技术的先进水平。该项目采用重介浅槽分选块煤、重介旋流器分选末煤、煤泥分选机回收煤泥的联合洗选工艺，小时处理能力 3 000 吨，主要生产精煤和中煤两个产品。原煤全部入洗，洗选后产率为：洗精煤 55%，中煤 10%。质量指标为：洗精煤灰分为 21%，中煤灰分为 42%，各产品硫分均小于 0.5%，产品

质量指标可根据市场需求的变化进行调整。

（三）塔山 2×60 万千瓦坑口电厂

塔山 2×60 万千瓦坑口电厂是"煤—电—建材"产业链中的枢纽工程，是同煤集团走新型工业化道路的煤电联营坑口示范性电站，也是迄今为止煤炭系统控股建设的国内单机容量最大的坑口电站。

塔山电厂燃料通过 1.5 公里的输煤栈桥直接送达厂内，具有燃料运输距离短、煤源供应稳定等显著的竞争优势。机组投产以来，为保障奥运供电和缓解高峰用电紧张矛盾做出了突出的贡献。

塔山电厂原料煤为塔山矿 25mm 以下筛分煤，年消耗量 320 万吨，采用直接空冷节水机组，选用高效静电除尘设备，除尘效率高达99.85%，比国内电厂高出 0.85%，相当于年减少烟尘排放量 280 吨，大大地减少了烟尘对周边环境的污染。电厂生产过程中产生的污水，经过厂区内设立的三级污水处理后，复用于灰场和煤场防尘喷淋及绿化用水，实现了水资源的闭路循环，生产废水的重复利用率达到100%。生活污水统一进入园区的污水处理厂，处理后进行重复利用。电厂产生的粉煤灰及炉渣进入园区配套建设的日产 4 500 吨新型干法水泥熟料生产线，实现了固体废弃物的资源化再利用。

（四）4×5 万千瓦资源综合利用电厂

4×5 万千瓦资源综合利用电厂是同煤集团以资源综合利用为主、兼顾热电联产、集中供热、改善环境的第一个电厂。

为了实现清洁生产，该电厂全部选用节能环保型设备。高压循环流化床环保锅炉，通过燃料和脱硫剂多次循环、反复燃烧和反应，提高了燃烧和脱硫的效率，具有直接脱硫和减少氮氧化物的效果。空冷汽轮发电机组，配有国内自行生产的直冷式空冷系统，是富煤缺水地区的最佳选择。电场加布袋除尘器，有效地减少了烟气排放。设备操作采用 DCS 系统，是目前世界上最先进的操作方法。

该电厂每年消耗塔山矿低热值劣质中煤 120 万吨，发电 11 亿度，替代了原有的 80 余座小锅炉房和 240 多台燃煤中小锅炉，每年节约标煤 70 万吨，日节约水 1.2 万吨，SO_2 和烟尘排放量分别减少 4 000 吨和 6 940 吨。发电产生的工业废水在厂区内自行处理后回收复用，粉煤灰和炉渣工业废料进入园区日产 4 500 万吨新型干法水泥熟料生产线，实现了能耗和污染的最小化和经济效益、社会效益的最大化。

（五）年产 120 万吨甲醇项目（一期 60 万吨）

同煤广发化学工业有限公司年产 120 万吨甲醇项目是塔山循环经济园区"煤—化工"产业链中的重要环节，也是同煤集团调整产业结构、大力发展煤化工产业、提高煤炭产品附加值、实现可持续发展的重要途径，已被列入山西省"十一五"规划和山西省煤化工"十一五"规划，是山西省重点项目之一。

项目主产品为 60 万吨精甲醇，副产品为少量固体硫黄。本项目原料煤采用大同侏罗纪煤，年消耗 79.06 万吨，燃料煤共需 71 万吨，部分采用塔山矿洗中煤，剩余部分来自其他矿井。生产过程中产生的粉煤灰和炉渣进入园区配套建设的日产 4 500 吨新型干法水泥熟料生产线。工业废水经处理后回收复用。

本项目采用壳牌气化炉，"一级磨粉干燥、一级煤粉分离收尘、中间贮仓"，一氧化碳变换，酸性气体脱除，甲醇合成，甲醇蒸馏，膜分离法回收氢等国际上先进的工艺和设备，并在节能方面采取了大量先进的技术，如壳牌粉煤气化技术，碳的转化率高，冷煤气效率高，氧耗低，原料煤消耗低；热风系统采用回路设计，收尘后的热气体循环部分使用，降低了系统的加热能耗和氮气消耗等。当前，甲醇下游产品的研发和工业化的速度相当快，较成熟的技术也相当多，市场前景看好，甲醇需求量日渐攀升，因此先进的技术、装备、工艺为提升产品品质、提高市场竞争力提供了重要保证。

（六）煤气联产 5 万吨/年甲醇项目

煤气联产 5 万吨/年甲醇项目生产原料为煤气厂通过直立炉和两段炉制出的富余煤气，经湿法脱硫、压缩、变换、脱碳、精脱硫、合成、精馏等工序合成甲醇，反应后的驰放气并入煤气管网实现再利用。同时，该项目副产一定量的蒸汽，用于补充变换系统所需蒸汽或职工洗澡。甲醇精馏使用的蒸汽来自 20 吨循环流化床锅炉，燃料为塔山矿低热值洗中煤，年用量为 5 万吨。

通过对现行工艺的改造，煤气有效实现了节能减排。将装置区系统的放散气系统进行改造后大大降低了因开、停车放散的煤气量，既减少了浪费又保护了环境；对脱盐水浓盐水排放系统进行了改造，使其进入循环水系统作为冷却用水，既减少了浓盐水的排放量，又节约了新鲜水的使用量；对合成副产蒸汽系统管网进行改造，使原来放散的蒸汽补充到变换系统，既降低因放散产生的噪声污染，又节约了锅炉燃煤等。

（七）2.4 亿块煤矸石砖厂（一期 1.2 亿块）

大同煤矿同塔建材有限责任公司是大同煤矿集团塔山循环经济园区重点企业。利用同煤塔山煤矿煤矸石生产新型烧结砖，实现煤矸石资源化综合利用。该项目设计能力为年产 2.4 亿块煤矸石烧结砖（每年可消化煤矸石 80 万吨）。企业装备了国内先进成熟的工艺生产线，采用粗破碎、细破碎、分筛、陈化、搅拌、成型、干燥、烧结等先进工艺流程。主要产品：GB13544-2003 烧结多孔砖，GB13545-2003 空心砖、空心砌块，抗压强度不低于 10 兆帕，其等级均达国家标准。

与普通砖相比，多孔砖、空心砖具有单块体积大、砌筑便利、节约砂浆，容重轻、降低工程造价、减少运输量，具有隔热、保温、隔音等诸多性能优势，是国家推广的取代传统粘土砖的新型建筑材料。

同塔建材有限责任公司坚持"经济节约型、环保绿色型、体制现代型、管理创新型"的模式标准，以先进的设施装备、技术力量与经营管理，为客户创造温馨友好的合作条件，提供优质服务与一流产品。

（八）5 万吨高岭土加工厂

大同煤业金宇高岭土化工有限公司是塔山循环经济园区重点企业。利用同煤塔山煤矿煤系伴生的高岭岩生产优质超细煅烧高岭土。大同煤业金宇高岭土化工有限公司设计能力为年产 5 万吨超细煅烧高岭土，产品分别为 6 250 目和 4 000 目高岭土煅烧粉。

6 250 目高岭土是世界上最细的煅烧粉，达到了世界先进水平。公司拥有国内最先进的中央集中控制设备和设施，采用国内外领先的细磨生产工艺技术，产品具有白度高、晶形好、容重小、孔隙率大、光散射率高、遮盖力好等优点，广泛应用于油漆、涂料、造纸、橡胶、塑料、电缆、陶瓷、石化、医药等领域及行业。大同煤业金宇高岭土化工有限公司 5 万吨煅烧高岭土全部选用国内先进的设备和工艺，在加工设备中其能耗最大的作业是干燥、煅烧作业，在干燥和煅烧作业中燃料消耗费用占总生产成本的比例很大，直接影响企业的经济效益。

高岭土加工属于环保型产业，生产中没有工业废水和工业废弃物和有害气体排放。单位能耗分别为：670kWh/t，水：2m³/t，煤气：1 800m³/t。

绿色植物既有减轻粉尘污染、降低噪声的作用，又可以保护生态环境，同时改善工作环境。因此，在闲置地特别是在有污染物产生地厂房四周进行绿化，绿化面积 8 000 多平方米。

高岭土加工厂运行以来，为了实现"经济节约型、环保绿色型、体制现代型、管理创新型"的公司目标，在生产过程中坚持"以一流的产品占领市场，以优质的服务赢得顾客"的质量方针，加强生产管理，落实管理目标责任制，强化职能部门的指导监督作用。根据质量管理的要求，公司制定了可量化的管理考核目标，并把管理目标层层分解到各个部门，每月由考核小组对管理目标进行严格考核，层层把关，层层负责，既强化了职能部门的监督作用，又保证了产品质量。生产过程中做到一级抓一级，一级保一级，以 ISO 9001-2008 质量管理体系做保证，确保人员到位、责任到位、工作到位，加强生产过程控制，煅烧一流产品。

该项目每年可消化塔山矿排放的高岭石 8 万吨以上。金宇高岭土公司的建成对提高同煤集团塔山经济循环园区减少废物排放，提高资源利用率，建设环保型企业起到积极有效的作用。

（九）日产 4 500 吨新型干法水泥熟料生产线

日产 4 500 吨新型干法水泥熟料生产线作为塔山循环经济园区"煤—电—建材"产业链的重要组成部分，担负着消化吸纳塔山园区上游产业产生的粉煤灰、炉渣、石膏等工业废料的重任。

该项目每年消化粉煤灰、炉渣、脱硫石膏等工业废渣 53 万吨，生产优质、低碱、高标号水泥 240 万吨。水泥作为最基础的胶凝建筑材料，市场前景看好，二期预留同等规模生产线，最终形成日产 1 万吨的水泥熟料生产基地，年综合利用工业废料可达 106 万吨。

该项目还充分利生产过程中产生的余热，同步配套纯低温余热发电系统，设计容量为 9MW，可解决本生产线 30% 左右的用电量。

（十）日处理能力 4 000m3 塔山污水处理厂

塔山污水处理厂是塔山循环经济园区的重点配套项目工程，主要处理园区内煤矿、电厂等项目的生活污水和工业废水。该项目污水处理采用 A2/O + BAF（曝气生物滤池）工艺，经处理后的污水，总磷、总氮、氨氮、固体悬浮物、COD、BOD 等污染物指标会明显下降，水质达到国家一级 A 排放标准。上游污水经污水处理厂三级处理后，可供绿化浇灌、井下抑尘、洗煤厂配置介质等，经处理后的污水全部回收复用，实现园区 COD 污染物整体零排放的目标。

（十一）塔山铁路专用线

被誉为"塔山第一路"的塔山铁路专用线，自北同蒲线韩家岭站接轨，终点至塔山站，建设里程 20 公里，铺轨 48.6 公里，他将塔山循环经济园区、大同煤矿集团公司和国家铁路运输第一大动脉——大秦铁路紧紧联系在一起，塔山循环经济园区最优质的煤炭资源就从这里驶出，输送到全国，走向世界。

塔山铁路专用线是同煤集团第一条技术标准高、设备先进的电气化铁路专用线。塔山铁路专用线设计年运量 6 500 万吨，主要承担塔山煤矿、同忻煤矿的煤炭及塔山循环经济园区相关企业的产品运输。

塔山煤矿具有物质和能量的梯级流动的"食物链"流程，并且在这个流程中产生了使其不具有完全生态属性的"废弃物"，因此，矿区能够发展成为生态工业园区。矿区应按照生态工业学的基本原理，通过企业之间的物质集成、能量集成和信息集成，形成企业间的工业代谢和共生关系，建立矿区工业生态园区。

塔山煤矿循环经济复杂系统以"一矿八厂一条路"为主线，以设计产量全国最大、年产 1 500 万吨的塔山矿为龙头，建设了选煤厂、高岭岩加工厂、综合利用电厂和坑口电厂、水泥厂、砌体材料厂、甲醇厂、污水处理厂和一条铁路专用线。这一系统结构体现了循环经济"减量化、再利用、资源化"的发展模式和"资源—产品—废弃物—再生资源"的生产路径，是一个典型的煤矿循环经济复杂系统。

第四章 煤矿循环经济复杂系统技术复杂性分析实证研究

煤矿循环经济系统是一个巨大的复杂耗散巨系统，需要外部向系统提供物质、信息和能量的输入。它涉及煤炭、地质、化工、电力、电子、机械、建材、物流、环保服务等诸多产业和自然科学、应用科学、管理科学、经济科学、生态科学、社会科学等主要学科门类，集煤炭开采的采矿业，焦炭生产的炼焦业，化工生产的化工业，余热、煤成气和中煤、煤矸石发电的煤电业，水泥和烧结砖的建材业，伴生资源开发利用的制铝业，冶炼钢铁的冶金业，节能减排的环保业等一体。从包含最微观和小循环的车间工艺环节细微处入手，实施循环经济的理念、技术，如地下采煤车间工作面的设备选型、工艺设计和生产过程，绿色开采，精细开采，惜煤如金；应用超薄工作面开采技术和"Y"型通风的沿空留巷粉煤灰充填绿色开采等先进技术，各产业链节点涉及复杂的技术环节，从技术角度看煤矿循环经济系统，它是一个具有技术复杂性的循环系统。因此，本章以西山古交循环经济系统和同煤塔山循环经济系统的节点技术为主要内容，说明煤矿循环经济复杂系统在技术角度的复杂性。

第一节　煤炭精细化开采高新技术体系与绿色开采先进工艺集成

依据西山循环经济园区建设立足于技术高起点的基本原则，在煤、电、化工、冶金和建材项目建设中，采用先进技术、先进设备和先进工艺，积极引进国内尖端人才和先进技术，加快消化、吸收和创新步伐，各产业链节点的先进技术综合集成，形成了强大的古交循环经济园区集成创新技术体系，为园区产业生态群落的企业良好运行和产生巨大的社会经济及环保生态效益提供了可靠的技术支撑。

西山煤电主要开采的西山煤田，煤质好，属于稀缺与优质焦煤资源。但地质条件复杂，断层多、无炭柱多，开采难度大；煤层厚道从 0.7 m 到 10 m，集不同种超薄、中厚到厚煤层开采方法、工艺技术之大全。世界上最大的年产 2 000 万吨的高产高效的现代化煤矿；创回采率和开采最薄煤层世界纪录的世界领先的最先进薄煤层开采技术；形成了先进的高产高效和精采细采采矿技术创新体系。

一、稀缺优质煤炭精细化开采综合技术

以古交矿区稀缺优质煤炭精细化开采综合技术为代表的创新体系，该体系集薄煤层开采的刨煤机、螺旋采煤机、钻煤机、无人工作面开采和中厚煤层轻型支架放顶煤采煤机开采、复合铝土泥岩条件下中厚煤层开采等先进设备和绿色开采清洁生产的煤柱回收、"三下"开采、沿空留巷 Y 型通风、厚煤层错层位巷道布置无煤柱开采、边角煤开采、不规则煤柱及块段高效开采、煤矿残采区遗弃资源回采等技术集成创新；创造了我国采煤回采率 95% 的新纪录，打破了薄煤层开采

0.8 m 的技术极限，累计共多回采优质煤炭 5 600 万吨，创造了巨大的技术、经济、环境和社会效益；创造了领先世界的薄煤层开采技术，推动了我国的采矿技术的发展与进步，为我国稀缺优质煤炭精细化开采提供了工程范例与技术示范。

（一）轻型支架放顶煤开采技术

煤炭开采过程中的高效和安全问题，一直是困扰我国煤炭企业生产发展的两大难题。20 世纪 80 年代中期，在我国厚煤层矿井试行并逐步推广的综采放顶煤技术（简称综放），较好地解决了厚煤层矿井的高效和安全问题，而在较薄的厚煤层煤层厚度小于 5 m）采用支架重量小于 8 吨的综采放顶煤回采工艺（简称轻放），更是一种能够实现高产高效的采煤技术，这一技术创新，成为当前我国较薄厚煤层开采的主要方法。

针对复合煤层和厚煤层开采中出现的资源浪费现象，实现精细化开采，镇城底矿购置了 3 套轻型低位放顶煤成套综采设备，实现煤层一次采全高，回采率提高 15%。西山轻型支架放顶煤开采技术出现于 2003 年，经过近十年的发展，技术上已经逐步成熟，实现了 5m 厚煤层方法的重大革新，目前综放开采已成为西山 5m 厚煤层机械化开采的主要采煤方法。

（二）厚煤层高效全厚开采新技术开发-厚煤层
错层位巷道布置无煤柱开采技术

针对西山矿区的典型条件与放顶煤开采存在的普遍问题，通过理论分析、实验室相似模拟实验、计算机数值模拟、现场试验等综合研究，提出并应用"厚煤层错层位巷道布置采全厚采煤法"与"厚煤层全高开采的三段式回采工艺"发明专利技术，解决了西山及类似条件下厚煤层无煤柱放顶煤开采存在的问题。

西山煤矿项目研究提出了立体化巷道布置理念与方法，为解决传统的厚煤层平面巷道布置中的煤柱留设问题提供了行之有效的技术途径。针对目前在上覆岩层未垮落的区域进行巷道布置的无煤柱开采理论，提出了在上覆岩层垮落区域下方布置巷道以实现厚煤层无煤柱开采的新理论，并证明其具有压力小，巷道易维护，进一步减少煤损，系统更加可靠的突出优点。发明了"厚煤层错层位巷道布置采全厚采煤法"与"厚煤层全高开采的三段式回采工艺"并得到成功应用，形成了与错层位巷道布置采煤法配套的实用工艺，如图4-1。

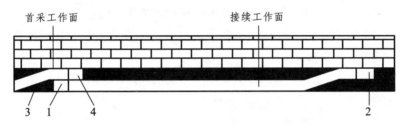

1—区段进风平巷；2—区段回风平巷；3—三角煤损；4—上区段回风平巷

图 4-1 错层位巷道布置示意图

该技术的主要创新点如下：

（1）在国内外首次提出厚煤层立体化巷道布置思想与方法，该方法可取代传统的平面回采巷道系统。

（2）在国内外首次提出通过在采空区下布置巷道，实现厚煤层完全无煤柱开采的理论与方法。可取代传统的在上覆岩层未垮落区域布置巷道的理论，并使巷道位置更加合理。

（3）在国内外首次提出"厚煤层错层位巷道布置采全厚采煤法"发明专利技术并通过应用实现了完全无煤柱开采，可提高回采率10%以上。

（4）在国内外首次提出"厚煤层全高开采的三段式回采工艺"发明专利技术，并成功实践应用，形成了一整套完善的实用工艺技术。

（5）立体化巷道布置新系统实现了相邻工作面之间完全无煤柱搭接布置，使巷道更加容易掘进和维护，降低了掘进、维护费用。

（6）在错层位立体化巷道布置系统中，由于实现了完全无煤柱开采，靠采空区一侧的工作面端头受支承压力的作用，顶煤压裂充分，放煤效果显著增强。

（7）在错层位巷道布置采全厚采煤法的立体化系统中，彻底解决了巷道顶煤着火；工作面端头与相邻采空区不再留有垮落浮煤，只有少量的三角形实体煤损，使顶煤着火问题得到了根本性的好转。在实际生产中没有发生任何自然发火。

（8）在错层位立体化巷道系统中，沿顶板布置的回风巷对通风及瓦斯排放更为有利，节省了专用排瓦斯巷，减少了巷道工程量。

（9）取消了区段煤柱，消除了通过煤柱下方应力集中区的困难。可灵活布置下部煤层的工作面。

（10）取消了区段煤柱，使地面下沉趋于均匀缓和，减小了对地面环境的破坏与不利影响。

（11）为后部溜槽设计了节煤器，增加了分选矸石装置，使工作面回采率达到90%以上。

该项目以西山矿区镇城底矿 $2^{\#}$、$8^{\#}$ 近 5m 左右水平厚煤层为典型工程背景，研创了"厚煤层错层位巷道布置采全厚采煤法""厚煤层全高开采的三段式回采工艺"，开发安全、高效、高回采率的新技术，实现了厚煤层一次整层开采的放顶煤综合机械化开采技术，取得了显著的经济效益。该技术摒弃了只在同一层位内的区段巷道之间减小护巷煤柱的传统思想，在不加大额外投入的情况下，通过改变巷道布置，实现相邻工作面相互搭接的立体化巷道布置方式，实现了煤柱的完全回收，同时突破性地解决了巷道上方和端头不放顶煤问题，有效地解决了 5m 厚度煤层的回采率问题，实现了生产的安全、高效。

从项目开始实施至今，该技术已在西山煤电集团有限责任公司的镇城底矿、马兰矿、白家庄矿以及屯兰矿中推广使用，不仅使回采率显著提高，而且在经济性、安全性方面取得了良好的指标。与原有的厚煤层采煤法相比，实现了巷道掘进费每米降低 40%，回采率提高 10%以上，吨煤成本降低 10 元以上。该技术 2008 年通过了中国煤炭工业协会组织的技术成果鉴定，达国际领先水平。该成果于 2009 年获中国煤炭工业协会科学技术一等奖。

（三）薄煤层无人工作面开采技术

螺旋式钻机采用前进式独头钻采方法，机组钻采孔内不需进入工作人员，为无人工作面独头采煤，极大地改善了工人的劳动条件和劳动环境，杜绝了占煤矿事故达 50% 的顶板事故，是一种矿井安全程度极高的采煤方式。

西曲井田内优质 2# 煤层已基本枯竭，精煤煤质指标严重下滑。为了提高矿井资源回收率，延长矿井服务年限，保证煤质指标，实现精细开采，采干采净，井田内优质 7# 薄煤层为光亮型煤，低灰、低硫，工业牌号为 JM；该煤层可采储量 880 万吨，厚度 0.7 m~1.3 m，平均 0.95 m，倾角 4°，属稳定可采薄煤层；若 7# 薄煤层的开采能顺利实施，必将对突破薄煤层的开采极限，实现稀缺优质煤炭资源的精细化开采具有的深远的意义。

西曲矿于 2005 年引进乌克兰螺旋钻采煤机，并采用百狮-Ⅱ型螺旋钻采煤机，是一种适合中国煤矿条件的钻采技术，具有用人少，劳动生产率高，安全性好的特点。关键技术经济指标如下，单产：15 000 吨/月；工作面回采率：高于 50%。使西曲矿厚度在 0.7 m~0.9 m 的薄煤层得到开采利用，大大提高了煤炭的回收率，减轻了工人劳动强度，延长了矿井的服务年限，经济效益显著。在东曲矿装备了 2 套专门用于薄煤层开采的矮型成套综采设备，减少了薄煤层开采损失。螺旋钻机的布设及使用如图 4-2、4-3。

工作面回采率：高于 50%。使得我矿薄煤层开采技术水平在我省处于领先行列，薄煤层回采产量在保证一定的回采率的情况下达到 15 万吨/年以上，保证矿井的煤质水平。如薄煤层钻采技术成功实施并达到一定的开采技术水平，则可保证最大限度地回收薄煤层资源，也可创造最大的经济效益，在西山矿区有着极大的推广价值。

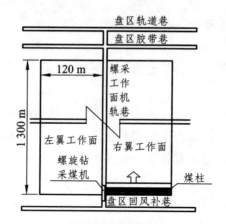

图 4-2　螺旋钻采煤机开采方法示意图

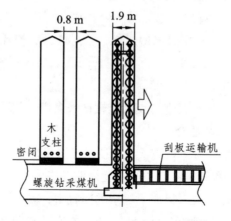

图 4-3　螺旋钻采煤机设备布置图

（四）刨煤机开采技术

马兰矿于 2003 年引进德国 DBT 公司的薄煤层工作面自动化控制刨煤机成套设备和开采技术，用于 02# 薄煤层开采。实践证明，刨煤机性能可靠，技术先进，适应性强，实现薄煤层自动化开采技术，达到了高产高效。马兰矿创出日产 8 000 吨的好成绩，使过去弃采的厚度在

1 m 左右的薄煤层得以开采利用。ZY 4000 型薄煤层电液控制掩护式液压支架，是西山局第一套全自动化刨煤机系统。

（五）复合铝土泥岩条件下中厚煤层开采技术

针对马兰矿 02# 煤易泥化顶板的混入，采用了复合铝土泥岩条件下中厚煤层开采技术，有效地提高原煤质量，并为选煤厂提高精煤回收率奠定了坚实的基础。年增经济效益 8 000 万元。该技术成果达到国际先进水平，并于 2005 年获山西省科技进步三等奖。

（六）微循环煤矿生产车间工作面"绿色开采"和采干采净技术

实施采干采净的精细化开采，应用与研创绿色开采、清洁生产技术，进行微循环煤矿生产车间工作面煤柱回收、"三下"开采、沿空留巷 Y 型通风、厚煤层错层位巷道布置无煤柱开采、边角煤开采、不规则煤柱及块段高效开采、煤矿残采区遗弃资源回采等技术集成创新。

1. 快速充填绿色环保开采技术

作为清洁生产的微循环模式的具体实施，在古交循环经济园区的煤矿重点节点上全面开展推进快速充填绿色环保开采技术。屯兰矿大采高工作面实施了快速充填绿色环保开采技术的实践。依据屯兰矿 18205 工作面开采条件和充填原材料，进行充填工作面顶板控制、充填材料、液压充填支架和大排量高压专用充填泵及系统，与国内已经有的先进可靠的破碎、输送、搅拌和检测设备与仪器进行科学优化集成，形成先进、可靠的"三下"压煤条件下，煤矸石、粉煤灰充填置换开采成套技术。该屯兰矿 18205 工作面微循环经济绿色开采工程成为一个微循环经济绿色开采的示范工程。采用了沿空留巷巷旁充填技术工艺、沿空留巷围岩控制技术等。沿空留巷工艺的采用，大量减少了掘进量，节省了井巷工程，减少了人力资源；利用粉煤灰充填材料，即节省了材料费用，又减少了环境污染，产生了极大的经济效益和社会效益。

2. "绿色开采"的经济效益和社会效益分析

"绿色开采快速充填技术"——沿空留巷"Y"型通风技术微循环项目，具有良好的节能效果，产生经济效益。

（1）直接经济效益分析。

① 节电费。

用于该巷道掘进耗电量约：5 194 900 + 8 800 000 = 13 994 900 KWh，采用"绿色开采快速充填技术"，节省了掘巷工程可节电量约：13 994 900 KWh。电单价若按 0.5 元/千瓦时计算，则 2000 m 的煤巷工程可节约电费：13 994 900×0.5≈69.75 万元。

② 节水费。

2 000m 煤巷工程可节水量约 2 万立方米。

水单价若按 4.0 元/立方米计算，则 2 000m 的煤巷工程可节约水费：2 万立方米×4.0 元/立方米 = 8.0（万元）。

③ 节省井巷工程费。

除电费、水费外，该工程单价按 3000 元/米计，则 2 000m 的煤巷工程可节省井巷工程费：

2 000 米×3 000 元/米 = 600（万元）。

2 000m 的煤巷工程直接经济效益为：

69.75 + 8.00 + 600 = 677.75（万元）。

（2）间接经济效益分析。

① 减少了上隅角至排瓦斯横贯段以及尾巷瓦斯超限管理和排放费用。采用 Y 型通风方式，改变了采空区瓦斯运移线路，减小了对深部采空区瓦斯的扰动，抑制了采空区瓦斯的涌出，解决了上隅角至排瓦斯横贯段以及尾巷超限的问题。此外，实施沿空留巷，消除了采空区内锚索、锚杆断裂的隐患。解决了工作面瓦斯问题，提高了工作面安全度。

② 回收煤柱资源。实现无煤柱开采，提高煤炭回采率，延长矿井服务年限。每回采 2 000 m 工作面，留设煤柱损失优质焦煤资源 19.5 万吨，损失约 1 亿元。实施沿空留巷技术，即可有效回收这部分资源。

③ 节省了因生产衔接紧张而引发的诸多不良费用。沿空留巷工艺的采用，大量减少了掘进量，使沿空巷道继续服务下一个工作面；工作面提前构成，为瓦斯抽放提供充足的时间和空间，可从根本上解决采、掘、抽衔接紧张问题，使矿井采、掘、抽工程衔接步入良性循环轨道。

④ 减少了抽放和风排瓦斯费用。实施沿空留巷"Y"型通风方式，为抽放钻孔布置参数优化提供了极为有利的条件，提高了抽放效果，从而充分发挥了矿井抽放系统的能力。同时减少了风排瓦斯量，大大缓解矿井通风系统的压力。

⑤ 采用 25% 的粉煤灰充填材料，不仅节省了材料费用，而且由于粉煤灰的利用减少了环境污染压力，由此而产生了更大的社会效益。

⑥ 有效减少了人力资源。由于节省了井巷工程，减少了人力资源，可从事其他煤矿安全生产工作，产生更多的经济效益。

积极开展清洁生产水和全面推广清洁生产模式，为了从根本上解决能源消耗大，污染严重的问题；从生产工艺、技术装备、资源利用、能源消耗、环境管理、运行控制等方面积极推行清洁生产，最大限度的提高资源的利用效率，减少污染物的产生和排放。特别是 2007 年开展清洁生产审查以来，项目全部通过省市政府组织的清洁生产评估验收。每年实现经济效益 1 亿元以上。

该微循环经济项目的推广，淋漓尽致地体现了精采细采、惜煤如金的精神，是地下资源吃干榨尽的"全过程清洁生产、节能减排"西山循环经济模式特色之一。

（七）巷旁充填无煤柱开采技术

针对屯兰矿具体地质条件及自身特点，2008 年 5 月经过调研通过了"沿空留巷 Y 型通风可行性"技术方案论证，后购置 BSM 1002-E 型充填泵系列设备；2008 年年底与沈阳天安矿山机械科技有限公司共同开发充填模板支护装置；2009 年与西山金信建筑公司共同开发充填料，并对充填设备及充填料进行了地面模拟试验；与中国矿业大学（北京）合作，开展"沿空留巷支护技术研究"项目井下工业性试验研究，2009 年 11 月以来，在屯兰矿 18205 工作面实施沿空留巷工艺技术，已取得阶段性研究成果。该项技术可有效缓解屯兰矿工作面采掘衔接紧张、提高煤炭资源回收率，降低掘巷成本，对于实现可持续发展提供必要的理论支持与技术支撑，具有重要的学术价值和深远的社会意义。研究成果达到国际先进水平。

该技术的创新点如下：

（1）研发应用了新型机械立模（ZMC 15000/25/42 型巷旁充填液压装置、ZMC15000/25/42 型巷旁充填液压装置）、似膏体材料泵送巷旁充填技术工艺，实现了快速沿空留巷；

（2）应用"Y"型通风技术，同时取消瓦斯尾巷，少掘一条尾巷，节约掘巷费用 600 万元，解决了高瓦斯开采煤层瓦斯抽放及通风难题；

（3）无煤柱开采，去消 20m 区段护巷煤柱，矿井煤炭资源回收率提高 10%以上，多回收煤炭 11 万吨，按吨煤 700 元计算，直接经济效益达 7 700 万元。延长矿井寿命；

（4）解决受二次动压影响巷道支护难题。易自燃高瓦斯煤层条件及大断面（净高 3.5m，净宽 5.5m，断面 19.25m²）巷道困难条件的沿空留巷，采用巷旁充填（墙体宽 2.5 m、高 3.5 m）与高预应力锚索、强力锚杆支护。

（八）西曲矿 2.3#煤层边角煤开采技术

西曲矿目前 2.3 号煤保有工业储量 2 385 万 t，其中可采储量 726 万 t。但绝大部分为各种煤柱以及位于复杂地质条件区域的边角煤，不具备长壁开采的条件。另外，2.3 号煤层的部分呆滞储量给矿井下组煤的正常开采造成极大制约，影响了矿井的正常生产。针对西曲矿 2.3 号煤层采用格威利开采，支架采用 ZD 4200/24/40 型支撑式非机采自移支架，同时以 120 掘进机开掘设备为基础，研究开发了工作轻型支架、后配套设备。该技术最大限度地提高了资源的回收率，延长了矿井的服务年限，减少了矿井灾害事故的发生，提高了经济效益。

（九）镇城底矿不规则煤柱及块段高效开采技术

镇城底矿地质条件复杂、断层密集煤层连续性遭到严重破坏，形成了多种不同大小的不规则煤柱及块段，主要有：三角块段、梯形块段、刀把形块段、L 型煤柱及块段等。根据这些情况，进行了"不规则块段煤炭资源无丢失开采理论技术研究"，形成了关键技术。

针对不规则煤炭资源回收工作面的巷道布置、采场矿压及支架选型、工作面非常规推进技术等方面的问题进行了系统研究，形成了不规则煤体无丢失回收的理论技术体系，具有重要的理论意义和实用价值。

本项研究在以下方面具有创新性：

（1）建立了周围开采扰动稳定条件下小块段煤体围岩结构模型，揭示了其应力分布比较平缓、无明显峰值区的应力场特征，为采用沿空掘巷方式布置回收工作面以及采用轻型支架控制采场顶板提供了理论依据。

（2）完善了综采、综放工作面长度逐渐改变的工艺技术，并在多个工作面上实践应用，完善了这种减少三角煤损失、提高煤炭资源回收率的技术方法。

（3）完善并多次实践了综采、综放工作面变向推进的工艺技术，为减少开切眼煤柱、停采线煤柱丢失，减少掘进工程量，缩减搬家倒面环节，改善采掘接替状况等工作做出了有益探索。

（4）通过改进放顶煤开采设备系统、优化放煤工序、开发井下煤矸振动分离筛、研制和应用支架箱体辅助顶梁等措施，实现了"无煤关门"的放煤过程控制，减少了顶煤损失。

镇城底矿通过采用工作面长度渐变技术、工作面变向推进技术、放顶煤工艺革新技术等不规则煤体无丢失开采技术共布置回收了 22609-1、22609-2、22108-1、22108-2、18102-1、22113、18111-1 等边角煤 39 个工作面，多回收煤炭 100 多万吨，采用该项技术的区域资源回收率达 90% 以上，减少了煤炭资源丢失，延长了矿井服务年限，经济效益显著。

（十）"三下采煤"技术

西山矿区地处山区、建筑物下（村庄下）的压煤量大面广，压煤问题相当突出，且存在搬迁选址困难和村民拒迁等难题。针对这些问题，西山煤电采用"三下采煤"技术，该技术实行建筑物和水体下压煤特殊开采与采空充填，煤炭回收率提高到 60%。一是避免了村庄搬迁，节约了搬迁费，节省土地；二是保护环境，减少煤炭开采对地表的破坏，保护水资源；三是可以实现煤矿副产品及城镇固体垃圾等的资源化利用，减少矿山固体废弃物的排放。

通过对西山矿区"三下采煤"及采空区充填技术的研究，取得如下经济效益与社会效益，有非常广泛的推广应用前景：① 西山按压煤 1.5 亿吨煤炭储量、回收率 60% 计算，预计多回收煤炭 9 000 万吨，所得税按 33% 计算，按吨煤销售 260 元计算，新增产值 2 340 000 万元；按原煤成本 125 元/吨计算，新增利税 1 215 000 万元。② 可提高矿井煤炭资源的回收率，延长矿井寿命。③ 应用先进的研究试验方法，确保工作面合理、高效、安全开采。

二、精细化开采的保障技术

（一）巷道安全快速掘进综合技术

针对西山矿区矿岩巷施工中存在的巷道爆破成型差、爆破效率低、掘进速度慢、掘进成本高、支护工艺烦琐等技术难题，西山煤电与中国矿业大学（北京）合作的"岩巷安全快速掘进综合技术研究"项目，提出并成功应用了新型的准直眼强力掏槽技术；建立了裂隙岩体成型控制爆破技术；开发了大断面巷道全断面中深孔一次爆破技术；应用网络图技术对巷道施工组织进行优化；优化了锚网喷支护工艺；将关键路径上的锚网喷支护紧跟工作面改为锚网支护紧跟工作面，喷射混凝土初期支护推离工作面一段距离。不仅为每循环节省了可观的时间，也为快速掘进赢得了时间和空间，还可以大大减少爆破对喷射混凝土早期的破坏，使喷射混凝土支护的强度能够得到较好的发挥；形成一套完整的岩巷掘进技术。该技术不仅可以明显的提高巷道的成型质量，而且岩巷的单进速度提高了 1 倍，巷道综合成本平均降低 260 元。仅以西山每年掘进 20 000 m 岩巷计算，每年可节约资金 5 200 万元。

岩巷全断面一次起爆与原分次爆破工艺相比：① 优化爆破参数后，减少打 2.0 m 深眼孔 16 个，节约 30 min；② 减少放炮时间 30 min，提高了掘进效率，循环进尺比原来提高了 15% 以上；③ 保证了工人的健康与安全；④ 应用该项技术可节省炸药、雷管、钻头、钎杆等材料费用。

岩巷中深孔爆破与浅孔普通光爆工艺相比：月进尺比原来提高30% 以上，经测算，平均每米巷道综合节约费用 600 多元。以西山矿区年施工进尺 20 000 m 计算，年综合节约费用 1 200 多万元；年新增巷道 5 800 m，按每米巷道成本 3 000 元计算，共计年新增效益 1 740万元。同时可以大幅度提高人员的工效，加快了巷道施工速度，减轻了工人劳动强度，改善了作业环境。该项成果 2007 年 1 月通过了山西省科技厅组织的技术成果鉴定，达到了国际领先水平；提交岩巷安全快速掘进综合技术研究项目推荐书，分别获 2007 年中国煤炭工业协会、山西省科技进步成果三等奖。

（二）镇城底矿松软复合顶板综面回采巷道支护技术

针对西山矿区镇城底矿主采 2#、3# 煤层 22409 工作面松软复合顶板回采巷道（瓦斯尾巷）（顶板为在不稳定的炭质泥岩中夹有两层厚 0.3m~0.5m 极松软煤层的复合顶板，不稳定，松软易垮落），围岩变形量大、支护效果差、费用高等技术难题，提出并应用了高强度锚杆、金属网、钢筋梯及锚索联合支护方案，有效地控制了巷道围岩变形，有效解决了镇矿 22409 综面松软复合顶板回采巷道支护的技术难题。实现了煤巷安全高效掘进。与传统的架棚支护相比：节约巷道支护和维修费用 158 万余元，为现场提供了科学的参数。2009 年 11 月，该项成果通过了由山西省科技厅组织的专家鉴定，达国际先进水平。

（三）屯兰矿大断面二次动压影响巷道强力锚杆支护技术

针对屯兰煤矿 12211 工作面强烈动压巷道（巷道断面呈矩形，宽 4.5m，高 3.5m，掘进断面 15.75m^2）支护难题，应用高预应力、强力锚杆锚索支护系统代替原普通锚杆、金属网、钢筋梯及锚索联合支护（顶板支护：25$^\#$左旋无纵筋螺纹钢强力锚杆钢材牌号为 BHRB 600，ϕ25 mm，破断力 400kN；配 W 钢带，厚 5mm、宽 250mm~280mm 组合，锚索直径为 ϕ18.9mm 锚索，极限破断载荷为 400kN，延伸率为 4.5%。顶板锚杆间排距由原来的 800mm，放大到排距 1 000mm，间距 1 200mm；巷帮支护：ϕ18 左旋无纵筋螺纹钢筋，杆尾螺纹为 M20，塑料网），使巷道支护状况较以往采用普通高强锚杆支护时得到了明显改善，从而大大减小了巷道维护工程量，实现一次支护就能有效控制围岩变形与破坏，避免二次支护和巷道维修。降低了巷道维护费用，由此而带来了可观的经济效益。尤其在支护难度较大，变形量非常严重的巷道，经济效益尤为突出，解决了该矿瓦斯尾巷支护技术难题。工作面煤炭单产提高 10% 以上，年多产煤炭 15 万吨，比原锚杆支护材料费低 10%~20%，每米巷道可节省支护材料费及维护费 996 元；2007 年 1 月，该项目研究成果通过了山西省科技厅组织的专家鉴定，达国际先进水平。

（四）中深孔定向断裂控制爆破技术与混凝土外加剂在岩巷快速施工的应用

该技术不仅可以明显地提高巷道的成型质量，而且使岩巷的单进速度提高了一倍，巷道综合成本平均每米降低 260 元。目前已在山西焦煤六个矿推广使用，每年可新增效益 2 565 万元以上。该课题经省科技厅组织的专家鉴定，成果达到了国内领先水平。

此外，大采高综采工作面重装备单通道搬家技术研究，组合式直线型液压支架及配套技术、屯兰矿大断面二次动压影响巷道强力锚杆支护技术研究等技术达到国际先进水平。

三、矿井通风安全技术

为加强瓦斯和煤尘的综合治理，优化矿井通风系统，坚持抓好以"一通三防"为主的安全技术体系建设，完善矿井安全监测监控系统和防灭火技术，研创了世界领先水平的矿井通风安全技术。

（一）基于空间 GIS 技术的全息化数字矿山管理平台

该技术进行理论上的创新：基于煤矿，特别是井工煤矿开采的特点，创造性地提出了灰色地理信息系统的理论和技术方法，弥补了传统地理信息理论和技术方法难以处理地质勘探、资源开采数据的不足，并得到了长期应用的验证。

同时进行了集成数据处理 GIS 平台的创新：在国内首次提出了将煤矿专业地理信息系统平台体系结构与功能架构组件化，并提出了全要素的结构化不规则三角网（TIN）与 GGIS 一体化的数据模型及相应的数据结构，完成了平台的完全自主开发，实现了煤矿生产数据的自适应修改，极大地提高了数据处理的自动化程度。

（二）煤矿安全面域化全方位实时监测与实时预警、实时评价、实时调度综合防御系统关键技术

风、电、瓦斯是煤矿瓦斯事故的三大要素。以往监测监控系统缺少对工作面风量监测与微风报警断电的测控技术手段；缺少对停风状态高可靠性监测识别的技术手段；缺少对整个工作面及超限风流流经区域的快速断电监测监控的技术手段；所采用的监测监控技术都是基于传感器测点的监测技术与基于传感器测点的标准，缺少对整个工作面整体安全状态的全方位监测监控技术手段，这些是以往安装了监测监控系统的煤矿仍然发生瓦斯事故的主要技术原因。为了解决这些煤矿安全监测监控领域存在的诸多关键技术问题，山西焦煤集团、西山煤电集团、屯兰煤矿与沈阳新元信息与测控技术有限公司（辽宁工程技术大学数字矿山测控研究院、煤炭科学研究总院沈阳研究院软件中心）共同合作，在国内率先开展了"煤矿安全面域化全方位实时监测与实时预警、实时评价、实时调度综合防御系统"研究，并在屯兰矿进行了工业性试验。

本项目建立以工作面等作业点为目标对象的集成化测控系统，实现对安全生产因素的集成测控，实时安全评价、实时安全预测预警，实现多级实时调度报警与处理，建立针对每个工作面作业场所的综合防御系统，对于有效解决目前煤矿瓦斯防治存在的关键技术问题防治煤矿安全事故将具有十分重大意义，具有十分广泛的推广应用前景。

此外达到国际先进水平的通风、瓦斯控制和安全技术主要技术有：

"西山矿区瓦斯赋存及规律的研究"，该技术指导了瓦斯抽放工作，有效提高瓦斯抽放率。

"西山矿区自燃特性及早期预测预报体系的研究"，该技术建立了矿区煤层自燃的早期预测预报体系，开展煤巷横贯快速密闭的研究，提高工作效率，减轻工人的劳动强度，消除安全隐患。

"基于虚拟现实技术的可控可视化矿井通风系统""屯兰煤矿瓦斯赋存规律与控制技术研究""矿井通风智能决策支持系统研究""石炭

二叠系高瓦斯近距离煤层组开采防灭火技术"以及"基于空间 GIS 技术的全息化数字矿山管理平台"等，如图 4-4 所示。

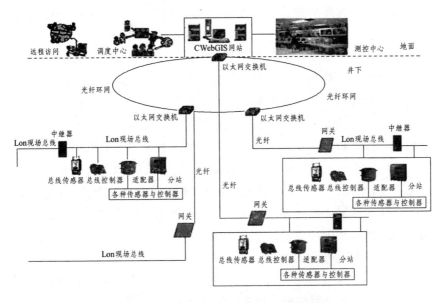

图 4-4 KJGISⅡN 系统网络布局图

第二节 精洗细选的选煤技术

精洗细选技术作为稀缺优质煤炭资源的精细开采高效利用的技术创新体系的重要部分，其中"西山矿区多煤种不同可选性烟煤的高效分选工艺研究"，在国内率先应用"无压三产品重介旋流选煤技术""快开式隔膜式压滤机"等先进技术，并针对西山煤种的特点，开发了以"表面改质机+微泡浮选机为核心的浮选工艺""酸性高泥化煤泥水处理""焦精煤快速装车取样系统"等一系列核心与关键技术，提高了精煤洗选率 10%，使选煤技术水平居于全国领先的地位。

一、选煤厂建设和改造

采用国内国际先进的选煤技术、选煤设备和选煤工艺，进行选煤技术集成创新，同时创新选煤厂管理体制，集团公司选煤技术装备生产、技术管理的水平和运行质量不断提高，达到了全国领先水平。在煤炭洁净生产、提高产品质量、优化产品结构、提高企业经济效益和维护山西焦煤品牌形象等方面发挥了重要作用。

2001 年以来，随着山西焦煤集团公司迅速发展壮大，先后建设了官地、西铭、新柳、贺西、中兴、回坡底、方山等一大批现代化选煤厂，新厂规模趋于大型化，中兴选煤厂设计入洗能力 400 万吨，斜沟选煤厂设计入洗能力 3 000 万吨。同时，集团对太原、西曲、马兰、屯兰、介休、辛置、白龙等以跳汰工艺为主的选煤厂进行技术改造。选煤工艺全部采用国际先进的重介选煤技术，主要洗选设备采用国内知名厂家生产的先进可靠设备，关键设备大多从国外引进。这些新建厂投用后极大地提高了公司精煤产品的质量和等级，所生产的高附加值精煤产品为集团公司带来了可观的经济效益。

各选煤厂（除河东、中盛选煤厂）入洗能力最小的 120 万吨，最大达 1 500 万吨，全部为大型选煤厂。

二、选煤技术创新

选煤技术创新是伴随选煤厂技术改造进行的，大致分两段，第一段主洗重介工艺改造阶段，第二段配套浮选、煤泥水处理升级改造阶段。

2001 年前，集团公司选煤厂洗选工艺以跳汰为主，已很难适应市场和原煤质量变化的要求。从 2000 年开始，西山以西曲选煤厂为试点，主推三产品重介旋流器分选工艺。在试点取得成功的基础上，在全集团范围内推广，与此同时开展了 "TZJ96.3 型加压过滤机" "基于高灰高硫高差异性多煤层不同可选性烟煤的高效分选工艺研究与应用" "西山矿区多煤种多煤层不同可选性烟煤的高效分选工艺研究与应用"。这些项目通过了省部级鉴定，并获得省部级奖。2006 年，煤炭工业协会将"西山矿区多煤种多煤层不同可选性烟煤的高效分选工艺研究与应用"与霍州煤电"极难选煤高效选煤工艺系统研究与应用"项目合并，改名为"山西焦煤高效分选工艺研究"，授予 2005 年煤炭工业协会科技进步一等奖。

重介主工艺技术改造完成后，与主系统配套的浮选、浮精脱水、煤泥水处理等环节压力逐步加大，存在许多薄弱环节，给正常均衡生产带来了困难。浮选、煤泥水系统升级改造成为近两年选煤厂技术改造的主要内容。以大型浮选机和粗煤泥分选机为主要设备的升级改造也在集团公司各选煤厂得到推广，先后引进了 KHD 浮选柱、IF 浮选机、微泡浮选柱、FCMC-4000 II 型旋流微泡浮选柱、XJM-S28 型机械搅拌式浮选机、RC 粗煤泥分选机、TBS 干扰床分选机等。与此同时，开展了浮选、煤泥水处理方面的项目研究，包括"泥质煤泥水处理技术研究""焦精煤自动配煤快速定量装车系统的研究与应用""难浮煤泥浮选技术研究""酸性高泥化煤泥水处理技术研究"等项目，这些项目通过鉴定，获得省部级奖。

三、主要洗选煤技术

目前，公司所属选煤厂根据煤质不同，选用了多种先进分选工艺，有脱泥无压三产品重介旋流器分选+粗煤泥分选+浮选分选工艺，有脱泥有压两产品分选+粗煤泥螺旋分选+细泥压滤工艺，有重介浅槽排矸分选+末煤主再选两产品重介旋流器分选+煤泥压滤工艺等。古交循环经济园区的矿井设计或经技术改造都才用先进的清洁生产技术。进行了系列的选煤先进技术的创新，全部采用最先进的重介旋流选煤技术。

先进选煤设备有德国 KHD 浮选柱、波兰 IF 浮选机、微泡浮选柱、FCMC-4000 II 型旋流微泡浮选柱、XJM-S28 型机械搅拌式浮选机、TBS 干扰床分选机以及澳大利亚 LUDOWICI 重介浅槽分选机等。

（一）无压三产品重介旋流选煤技术

西曲矿选煤厂进行的"无压三产品重介旋流选煤技术改造"，开创了大型选煤厂在原厂房内边生产边技改的模式，被专家誉为"西山模式"。该技术在西山煤电集团进行推广，各选煤厂重介系统自投产以来运行情况良好，重介旋流器性能先进，产品质量稳定，数量效率高，分选精度高、效果好。达到了国内重介选系统工艺的先进水平。2008年完成了镇城底矿选煤厂脱介系统的技术改造，将原一段浓缩回收系统改造尾两段浓缩、两段回收工艺，同时加大脱介筛面积、磁选机数量和效率，此次改造有效地解决了镇选介耗高的问题，将介耗指标降到了 1.5kg/t 原煤以下。如图 4-5 所示。

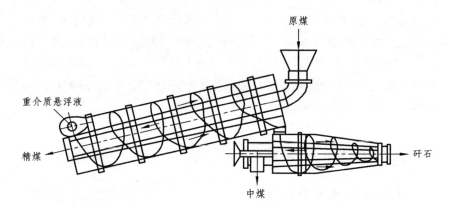

图 4-5　Φ1400mm/1000mm 型无压给料三产品重介质旋流器结构

无压三产品重介旋流选煤技术的分选过程是从低密度到高密度进行，在第一段旋流器中不但可以把原煤分成两种产品，而且为下一段分选准备了高密度的悬浮液，即把进入第二段旋流器的悬浮液浓缩到需要的密度。从三产品旋流器一段的溢流中排出的是精煤和浓度较低、粒度较细的悬浮液，重产品与浓缩后的悬浮液一起经连接管给入第二段旋流器进行再选，选后获得最终中煤和矸石。

这一技术的采用，不仅使洗选效率提高了 5%以上，精煤回收率提高了 5%以上，一年便收回全部投资，更重要的是，从过去抛弃的矸石中，每年至少可以回收 100 万吨的精煤，相当于新建了一个大型选煤厂。

（二）高灰高硫高差异性原煤的选煤工艺

高灰高硫高差异性原煤的选煤工艺技术解决了西曲矿高灰高硫高差异性原煤的洗选难题，同时开创了大型选煤厂"边生产、边技改"的先河，被专家誉为"西山模式"。该成果已在山西焦煤集团内和其他选煤厂推广应用，为我国的炼焦选煤厂技术改造树立了典范，具有良好的推广应用前景。每年可新增效益 3 000 万元以上。其成果达到了国际先进水平。2005 年获中国煤炭工业科技进步三等奖。

（三）煤泥浮选技术

根据各厂工艺情况，结合煤泥性质和特点，在浮选机更新过程中，东曲矿选煤厂选用了国产的旋流微泡浮选柱 FCMC-4000I、镇城底矿选煤厂选用了喷射式浮选机 FJC16-6 等。新浮选设备投入使用后，很好地改善了浮选效果，提高了产品质量，提高了浮精抽出率。

（四）浮精脱水技术

快开隔膜压滤机是一种间歇性操作的加压过滤设备，是用快速入料、快速卸料的隔膜压滤机，将带有一定浓度的悬浮液通过过滤介质（滤布）进行过滤，从而实现固液分离。在公司各选煤厂的推广应用，提高了对不同性质煤泥的适应性和生产效率，降低了工人劳动强度，更主要的是解决了几个原煤泥化较为严重的选煤厂的细泥回收和洗水净化辨别是非，降低了煤泥水系统运行成本。

以东曲矿选煤厂为例，运用 KZG 450/2000 型隔膜压滤机进行浮选精煤脱水，该压滤机进料方式为两端中间进料，过滤速度快，能同时实现自动压紧、保压、补压、松开、一次拉板、二次拉板、三次拉板等各道工序如图 4-6。工作中，向隔膜滤板充气后改变其腔室窖，可进一步降低滤饼水分。自运行以来，效果较好，特别是在处理受泥质页岩污染的浮选矿浆时起到了重要作用，具有较好的社会经济效益，每年可创造经济效益 1 274.85 万元。

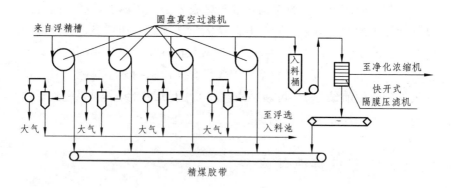

图 4-6　东曲矿选煤厂浮精脱水系统流程图

（五）粗煤泥分选技术

炼焦煤选煤厂的粗煤泥一般是进入浮选系统进行分选，但由于粒度较粗，分选效果不好。由于螺旋分选机、煤泥分选机等设备在炼焦煤选煤厂成功应用的案例不多，为此，集团特意在东曲矿选煤厂引进了两台 TBS 煤泥分选机，已经取得初步效果。

（六）动筛排矸技术

西山煤电集团推广使用了 8 台动筛跳汰机（其中进口 3 台）。分选效率都在 95% 以上，解决了手选环节的繁重体力劳动，提高了入洗原煤和商品煤质量，有利于选煤厂提高小时入洗量和回收率。

（七）PLC技术

可编程序逻辑控制器 PLC（Program able Logic Controller，简称PLC），具有强大的在线修改功能，有广泛的工业通用性如图 4-7。屯兰矿选煤厂在提耙式浓缩机配套使用的智能化控制设备选用了SIEMENS 可编程控制器及其扩展模块，不但在工艺上满足了浓缩机自动化控制要求，并且为设备提供了可靠的电机综合保护、故障报警及远程通讯功能。

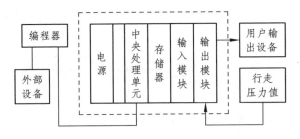

图 4-7 PLC控制系统结构图

（八）粗煤泥回收系统

东曲矿选煤厂针对其浮选效果差，浮精产率低，大量煤泥通过浮选尾煤进入尾煤系统，使得煤泥水系统负荷加大，其中一部分尾煤不能及时回收等问题，对粗煤泥回收系统进行了一系列的优化和技术改造，取得了良好的效果。在 557、558 沉降离心机前加设煤泥旋流器组557′及 558′，807 尾煤一次浓缩机的底流由 573 高频筛和 559、574 粗煤泥离心机回收，573 高频筛的筛下水以及 559、574 粗煤泥离心机的离心液进入沉降液池，用沉降液泵打入 557、558 沉降离心机前面的煤泥旋流器组 557′及 558′，557′及 558′煤泥旋流器的底流进入沉降离心机回收，557′及 558′煤泥旋流器组的溢流以及沉降离心机的离心液进入尾煤二次浓缩机，其流程图图 4-8 所示。

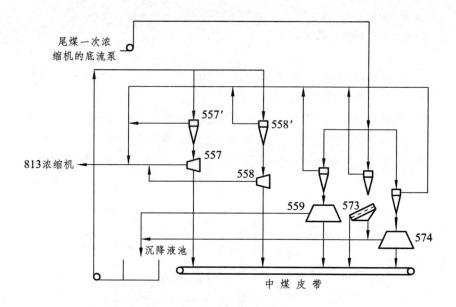

图 4-8 东曲矿粗煤泥回收流程图

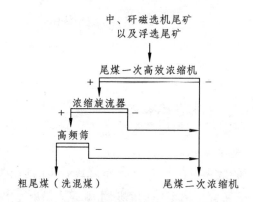

图 4-9 马兰矿粗尾煤回收系统工艺流程图

马兰矿选煤厂粗尾煤回收工艺为：中、矸磁选机尾矿及浮选尾矿进入尾煤一次高效浓缩机，浓缩机底流用泵扬送到主厂房粗煤泥浓缩旋流器，旋流器底流为高频筛入料，旋流器溢流、尾煤一次浓缩机溢流及高频筛筛下水进入尾煤二次浓缩机，高频筛筛上物成为最终混煤产品如图 4-9。

洗选设备精良，工艺先进。选煤工艺采用"无压重介三产品旋流洗选"，重介洗选率由 48% 提高到 95%，洗选效率提高 10% 以上，精煤产率提高 5%~10%，相当于一个年产 500 万吨的矿井，取得良好经济效益和社会效益。

第三节　配煤技术

循环经济园区的二级产业生态群主要依靠一级产业生态群提供营养物料。主要是吸收消化一级产业生态群落——煤矿所提供的营养精煤、中煤、煤矸石、煤泥、伴生资源如煤层气等。主要有煤—电、煤—焦化产业群落及节能减排的关键技术；该技术创新体系以延伸"煤—电—材"和"煤—焦—化"产业链为重点，以传统矿区节能降耗、废弃物利用和新建矿区综合开发、资源转化为方向，以创新为支撑，以高起点、高标准、高投入为特征构建起了支撑循环经济发展的产业技术集成。

一、古交配煤厂概况

古交配煤厂是这个循环经济系统的营养物料调剂供应站，是目前全国最大的中煤坑口电厂——古交电厂的配套项目，集中处理五个煤矿送的中煤，总投资 1.8 亿元，于 2003 年 6 月开工，2005 年 1 月 25 日竣工投产。

古交配煤厂是目前国内工艺先进、规模最大的配煤厂。年设计配煤能力 540 万吨，自动化程度高、运行可靠，整个配煤、运输、取料全部集中控制，自动完成。取料机是目前亚洲最大的桥式刮板混匀取料机，处理能力达到 1 500 吨/小时，堆取方式采用水平分层堆放、全断面取料，堆煤层可达 123 层，混均程度高，均化比可达到 0.6。

图 4-10 为建筑面积 12 600 m^2、存煤六万吨、全国最大的全封闭式配煤厂。

图 4-10　古交循环经济园区屯兰全封闭式配煤厂

二、配煤工艺

1. 采制样及化验

煤质化验室采用了先进的采制样机及电脑化验仪器等设备，对原料煤和产品煤进行不定期的采样、制样、化验，对全厂的配煤过程进行跟踪检测，有效地保证了化验结果的准确度，为合理配煤提供了理论依据。

配煤厂原料煤采样点在卸煤棚和 153 皮带中部，生产样采样点在 111 皮带自动采样机，火车卸煤或屯兰快速装车线来煤时采制样后送化验室化验，化验室做快灰、快水两种项目（约为 1 小时），化验结果报厂领导及调度员，厂领导及调度员根据来煤的指标进行合理的指挥生产。

2. 配煤方案的制订

配煤方案制订的主要依据是，每年（月）山西兴能发电有限责任公司的燃煤计划和上一年（月）各厂（矿）来煤的煤质加权平均值。通过科学、经济的算法，制定配煤厂年（月）计划购煤计划，再按计划组织煤源及生产运行，完成配煤生产。

3. 堆料方式及煤层分析

配煤厂储煤棚料场长度为 2m×99m，分为两个堆取料区域，每个区域可储煤 3 万吨，共储煤 6 万吨。堆料机和取料机可以同时运行，如堆料机在储煤棚东侧堆料，同时取料机取西侧已堆好的料堆，堆、取料进行完毕后，进行换堆，依此反复，完成配煤、供煤生产任务。

配煤厂采用侧式悬臂堆料机，堆料方式为人字型堆料法，分层堆积成长形料堆。堆料机运行时在储煤棚左（右）区域（99m）来回行走，均匀堆撒不同的煤，一次火车来煤在 1 500 吨左右（或 1 500 吨的倍数），堆料机在储煤棚将 20 次不同品种的来煤堆积成长型料堆，完成堆煤。

堆煤以 1 万吨为基数并做一次煤质分析，当煤质的某项指标较电厂要求指标有出入时；第二个 1 万吨再调运可以弥补指标超出或低于电厂要求的煤，当第二个 1 万吨堆好再进行煤质分析；第三个 1 万吨严格调运能调节煤质平衡的煤，以达到电厂要求的煤质指标，保证提供合格的成品煤。

4. 取料方式

配煤厂采用桥式刮板取料机，取料方式为全断面切割取料。取料机的料耙在料堆的横断面上左右切割，促使料堆的分层原料煤自然滚落到一起，完成混匀过程，形成产品煤，再通过取料机底部的刮板机循环取料，卸到胶带输送机上，再由后续胶带输送机运送到古交电厂燃用。同时，在 118 皮带中部采用自动采样机对产品煤各批次取样、化验，监测产品煤煤质指标是否符合要求，如不符合要求，根据计算，再经输煤 A 流程加一定数量合适指标的原料煤至 116 皮带上与取料的煤进行配煤，直到合格为止。

成品煤被输运到电厂的四个筒仓，由于种种原因可能会造成筒仓下的煤质超标，我们还可以在四筒中进行三次配煤，通过给四个筒仓灌不同的煤，在电厂 2 号皮带运行时，按一定比例放四个筒仓的煤达到第三次配煤的目的。

当采用电厂四个筒仓比例放煤方式配煤时，化验室必须在每班作业开始时到电厂 1 号皮带取样化验，验证能否符合要求，在符合时及时通知厂调度和给煤运行车间进行放煤比例调整，并再次取样验证直到合格为止。

生产过程中采用哪种配煤方案，工厂调度时应根据当日来煤情况从中选择最佳方案，堆煤时应将不同煤种交错堆放。化验室及时监测各环节煤质情况，确保输送电厂燃用的产品煤批批合格。

第四节　综合利用电厂技术

一、综合利用电厂清洁生产技术

古交循环经济园区广泛采用的清洁生产的综合利用电厂技术，具有显著的环境效益和广阔前景。园区综合利用电厂根据清洁生产原则和要求，参照燃煤电厂清洁生产标准。综合利用电厂的清洁生产指标主要有生产工艺与装备要求、资源利用指标、污染物产生指标（末端、处理前）、废物回收利用指标、综合利用指标和环境管理要求。

（一）生产工艺与装备

符合环境保护要求，燃用煤矸石、中煤、煤泥，采用循环流化床（CFB）、增压流化床配联合循环机组（PFBC-CC）新工艺和低 NO_x 燃烧技术，同时外排烟气配套安装了符合环保要求的脱硫、除尘设施。主要解决的问题：一是大幅度减少 SO_2 和电站锅炉氮氧化物（NO_x）的排放量；二是废水治理和利用，因为电厂冲灰水是燃煤电厂中排量最大、污染物超标最严重的废水；三是电厂灰渣（即粉煤灰）的治理和利用。最终目标是采用洁净煤发电技术，实现洁净生产，保护生态环境，创建人与自然和谐美好的矿山环境。

（二）先进的洁净煤发电技术的研究和应用

目前，洁净煤发电技术的开发和推广应用方面，主要有 SO_2、NO_x 和粉尘的治理技术，先进的 PFBC 和 IGCC 发电技术示范工程项目。

循环流化床燃烧技术（燃烧试验台）研究；

增压流化床（PFBC）发电技术（燃烧试验台技术）；

整体煤气化联合循环（IGCC）发电技术，该技术具有高效低污染等优点，是最具有发展前景的一种先进洁净煤发电技术。

采用湿法（石灰石-石膏法）FGD 脱硫为主。规划修建脱硫设施，采用廉价脱硫方式，如旋转喷雾脱硫、炉内喷钙脱硫、尾部烟气循环流化床脱硫等。

采用低 NO_x 燃烧方式，有效控制电站锅炉氮氧化物的排放总量，采用新型低 NO_x 园型旋流燃烧器，降低 NO_x 的生成量可达 50% 以上，烟气脱硝装置的脱硝效率高。

采用高效电除尘器，有效减少入炉煤的灰粉含量，除尘效率达 99% 以上。

电厂废水的治理和综合利用措施；一是利用电厂废水中余热，实现热电联产供热，承担厂矿附近和居民冬季采暖供热的任务，社会效益和经济效益良好；二是实现闭路路循环，重复利用，节约水资源；三是修建污水处理厂，采用生物氧化处理，实行达标排放，减少污染。

电厂固体废物的综合治理和利用：主要是粉煤灰，措施是实现粉煤灰资源化综合利用，变废为宝、变害为利，减少排放占压土地和污染环境，保护生态环境。

二、兴能电厂的发电技术

（一）电厂概况

山西兴能发电有限责任公司是由山西西山煤电股份有限公司和山西和信电力发展有限公司共同出资组建，是一个科技含量高、经济效益好、资源消耗低、环境污染少的新型发电企业，其作为西山古交矿区"煤—电—建材"循环经济产业链的重要环节，一期工程每年可燃用 200 万吨洗中煤、煤泥和部分矸石；二期工程建成后，可燃用 400 多万吨，进一步提高了煤炭资源的综合利用率，彻底解决了矿区洗中煤、煤泥和部分矸石就地堆放带来的环境污染问题；也有效地缓解了古交矿区有限的铁路运力，增加了精煤等高附加值产品的外运量，创造了更大的经济效益。

（二）主要技术

电厂采用直接空冷技术是全国火力发电首家实用，如图 4-11 所示。

电厂二期装机方案为：2×600 MW 直接空冷凝汽式汽轮发电机配 2×2 080t/h 亚临界燃煤锅炉。

图4-11　直接空冷技术是全国火力发电2×300MW机组首家批准实用

1. 主机技术条件

锅炉：亚临界控制循环（或自然循环）汽包锅炉，一次中间再热、单炉膛、全钢架悬吊结构、紧身封闭布置。采用三分仓回转式空气预热器，正压直吹式制粉系统，摆动式燃烧器四角布置切圆燃烧或前后墙对冲，平衡通风、固态排渣。锅炉热效率>92%。

气温调节方式：过热蒸汽，采用两级喷水减温；再热蒸汽采用摆动燃烧器辅以喷水减温。

汽轮机：亚临界、一次中间再热、单轴、三缸四排汽或四缸四排汽、直接空冷凝汽式汽轮机。

按照当地气象条件，根据我院正在设计的古交一期工程的设计经验，经过初步优化暂定设计气温17℃，空冷汽轮机设计背压暂定为15kPa。

主要技术参数：额定功率为600MW；额定主蒸汽量：1 831t/h。

发电机：型号为QFSN-600-2；型式为三相两极同步发电机，采用水-氢-氢冷却方式，励磁方式自并励静止励磁系统。最大连续输出容量：728MVA；额定容量：667MVA；额定有功功率：600MW；额定电压：20kV；额定功率因素：0.9（迟相）；额定频率：50Hz；额定转速：3 000r/min。

2. 节水的空冷系统

电厂空冷技术的最大特点就是节水，这一特点对在缺水地区建设火电厂时，对电厂的合理布局，以有限的水资源扩大建厂容量，缓解与当地工农业、生活争水的矛盾，保持当地经济可持续发展具有重要的作用。直接空冷系统具有一次性投资低、占地面积小、冬季防冻性能好等特点，二期工程采用直接空冷系统。

直接空冷系统是将汽轮机排出的乏汽，由管道引入称之为空冷凝汽器的钢制散热器中，由环境空气直接将其冷却为凝结水，减少了常规二次换热所需要的中间冷却介质，换热温差大，效果好。工程装机2×600MW直接空冷凝汽式汽轮发电机组，额定功率600MW；发电机：额定功率600MW；冷却方式为水氢氢。

三、清洁型焦炉余热发电发电技术

（一）余热综合利用电厂概况

余热综合利用电厂回收焦炉废气热量并带动汽轮发电机发电，同时使废气温度降低达到可实现脱硫的效果指标值。符合国家有关节能减排、循环经济的政策，对建设环境友好型、资源节约型社会意义重大。特别是能够实现循环经济，增长产业链，使单一的炼焦变为焦电联合生产；实现节能减排、清洁生产，保护环境；降低焦炭的生产成本，提高企业的经济效益，实现企业的可持续发展。

（二）余热综合利用工艺流程

余热锅炉产生的中温中压蒸汽直接送汽轮机，带动发电机发电。凝结水经循环冷却后，由凝结水泵打入热力除氧器，由电动锅炉给水泵再注入锅炉循环产汽连续发电。

除盐水加压经低压加热器送至热力除氧器，除氧后由电动锅炉给水泵送至废气余热锅炉产汽，锅炉所产蒸汽送至汽轮发电机组发电，凝汽器的凝结水经循环冷却后由凝结水泵加压送至热力除氧器循环使用，凝结水不足时由脱盐水补充。

焦炉尾部高温烟气经废气余热锅炉换热降温后，低温烟气进入脱硫除尘塔脱硫除尘后由烟囱排放。脱硫除尘塔用 6%~13%（pH≥9）NaOH 水溶液作吸收剂，和烟气中 SO_2 进行中和反应，生成 $NaHSO_3$ 和 Na_2SO_3，经洗涤烟气后的含尘脱硫废水进入沉淀池，通过投加氢氧化钙 $Ca(OH)_2$，生成硫酸钙 $CaSO_4$ 废渣，硫酸钙废渣及烟尘经沉灰池沉淀后送渣场，清液经过滤后打入脱硫除尘塔循环使用。工艺流程如图 4-12。

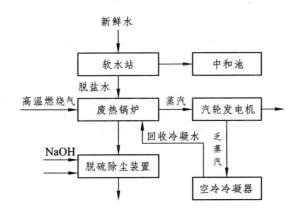

图 4-12　余热综合利用工艺流程图

（三）发电工艺

发电工艺由余热回收装置——余热锅炉、汽轮机、发电机及其电气、仪表控制系统组成。它将清洁型焦炉排放出的高温烟气所携带的潜热通过余热锅炉转换为蒸汽热能，蒸汽热能通过汽轮机转换为机械能，最后由发电机将机械能转化为电能。

1. 余热锅炉选择

余热锅炉有立式强制循环、立式自然循环和卧式自然循环三种类型，电厂采用了立式自然循环余热锅炉。主要原因是：

采用立式余热炉具有占地面积小（卧式布置余热锅炉的占地面积一般为立式布置余热锅炉的 1.4 至 1.7 倍）、高温烟气管道与余热炉连接方便、与脱硫除尘装置高度相适应从而可达到使厂区布置美观协调的优点。

2. 汽轮机

采用直接空气冷却的凝汽式汽轮机。

冷却过程是火力发电厂生产全过程的一部分。一方面，它与全过程有着密切关系，因为冷却过程的各项参数是根据全过程来确定的。另一方面，冷却过程通常又是火电厂生产全过程和环境之间的一个环节。冷却介质的取用、消耗及排放都对环境有影响，其不利影响是使环境受到污染。

火力发电厂冷却系统的主要冷却介质是水或空气。由于水资源的缺乏，水的利用受到各种因素限制，于是用空气作为火力发电厂汽轮机冷却系统的冷却介质。

直接空冷系统又称空气冷凝系统，直接空冷是指汽轮机的排汽直接用空气来冷凝，空气与蒸汽间进行热交换。所需冷却空气，通常由机械通风方式供应。直接空冷的凝汽设备称为空冷凝汽器。它是由外表面镀锌的椭圆形钢管矩形钢翅片的若干个管束组成的，这些管束亦称散热器。

直接空冷系统的优点是设备少，系统简单，基建投资较少（相对间接空冷系统），占地少，空气量的调节灵活。

3. 性热力系统

主要汽水系统如主蒸汽、主给水系统均采用单母管制，系统设 4 台除氧器。除氧器加热蒸汽采用汽轮机二段抽汽，不足部分由一段抽汽补充，另一由锅炉汽包引接出饱和蒸汽经减压后接二段抽汽母管，作为起动加热用汽。

锅炉补充水为反渗透除盐水，采用直接补进除氧器的方案。为满足机组启动前凝汽器灌水的需要，在除盐水泵出口处设一路补水进入凝汽器。

锅炉连续排污采用一级扩容排污系统，每台炉设一台 $0.8m^3$ 的连续排污扩容器，连续排污扩容器的排污水进入定期排污扩容器。全厂设 4 台 $1.5m^3$ 的定期排污扩容器。

设一台疏水扩容器及疏水箱，除汇集全厂管道及设备正常疏放水外，还考虑存放除氧器溢水及锅炉事故放水，疏水箱内的疏水通过疏水泵送至除氧器，疏水泵设两台，一台运行，一台备用。

工业水系统采用环行母管制，水源来自日盛公司煤焦化项目的供水管网，回收水回收后进入循环水吸水井，作为循环水的补充水和熄焦水等，节约用水。

第五节　污水处理技术

整个古交矿区循环经济园区建设了全面完善的污水处理系统产业链条，该产业链条由 5 个煤矿污水处理厂、5 个选煤厂的封闭水处理系统、1 个古交市总污水处理厂等 11 个处理厂构成，即在污水处理的循环经济产业链上共有 11 个节点。本节以马兰矿污水处理厂为例，介绍其关键的技术工艺。

一、马兰矿污水处理厂概况

西山煤电集团马兰矿位于山西省古交市西南，现有矿井水处理厂位于西山煤气化厂区内，处理规模为 2500 吨/日，于 1998 年建成投产，付斜井沉淀处理能力 1 500 吨/日，（其中 600~800 吨/日井下复用）。由于西山煤气化公司进行改扩建，由 10 万吨/年提高到 60 万吨/年，需占用现矿井水处理厂位置，且井下桶水随着生产的延伸，用水量增大。根据山西省、太原市政府对汾河流域生态环境的要求及太原市环保局

"关于印发《关于排污口规范化整治工作的实施方案》的通知"，现需对马兰矿矿井水处理厂进行异地新建。新建后的污水处理厂规模为 5 000 立方米/日，处理后的矿井水主要用于井下洒水灭尘、选煤厂工业用水、矿区绿化等。

二、处理技术

从煤矿矿污水的水质来看，污水中的主要污染物为悬浮物及部分有机污染物。从煤矿的井下水水质来说，引进水中 COD 较高的主要原因为：井下的煤层经过漫长的时间形成，当开采时水中的 COD 主要由于采掘后的煤粉影响所致，水中的 COD 是呈悬浮性状态，一般采用混凝沉淀工艺完全可以到达处理后出水之要求。针对这种污水，马兰矿污水处理厂采用"撇油预沉调节+絮凝反应+斜管沉淀+砂层过滤（水力自动反洗）+加药消毒"工艺。

其工艺流程是：矿井水由井下水仓提升至地面，进入预沉调节池，预沉调节池设置撇油管，可以去除水中的油污，池内设置刮油刮渣机，能将池内煤泥刮至池体一段的泥坑内。上部清水溢流至集水池中，然后由泵提升进入管道混合器，同时加药装置计量泵将混凝剂和助凝剂加入管道混合器的投药口，水与药剂在混合器中进行瞬时混合，混合率达到 90%~95%，为后续的反应沉淀等工艺创造了良好条件。

混合液首先进入高效全自动净水器反应室，混凝剂与水中的小颗粒悬浮物产生聚凝作用，形成矾花，并通过助凝剂的高分子架桥作用，在净水器反应室内逐渐形成较大的絮凝体，经斜管沉淀、砂层过滤后进入中间水池。

在中间水池内进行消毒杀菌，最后由泵提升进入活性炭过滤器，进一步降除水中的 COD（化学需氧量）及 SS（悬浮物），清水进入复用水池一部分用于井下洒水降尘，另一部分用于地面杂用。

预沉调节池排泥及斜管沉淀池排泥排入污泥池内，再进入浓缩池，然用泵提升至带式浓缩脱水一体机脱水，净水器反冲洗水排至调节池循环处理。

矿井水在进混凝瓜池前投加聚合氯化铝（PAC）以及聚丙烯酰胺（PAM），PAC投加量30mg/l~50mg/l，PAM投加量2mg/l~3mg/l，消毒采用二氧化氯消毒，投加量3mg/l~5mg/l（药剂实际投加量根据原水水质作相应调整）。

第六节　焦化厂清洁生产技术

一、焦化厂清洁生产技术

（一）生产工艺与装备

全部达一、二级水平，实现自动化精确配煤；精煤运输装备胶带输送机密闭走廊输送，封闭机罩，配套自然通风设施；破碎采用新型可逆反击锤式粉碎机、配备冲击式除尘设施，除尘效率≥95%；精煤贮存采用室内煤库或大型堆取料机机械化露天贮煤场设置喷洒水设施（包括管道喷洒或机上堆料时喷洒）。

（二）炼焦工艺

配套先进可靠的PLC系统，实现计算机自动控制。

装煤：实现地面除尘站集气除尘设施，除尘效率≥99%，捕集率≥95%。

焦炉机械：推焦车装煤车操作电气采用自动控制，其他机械操作设有联锁装置。

出焦过程：配备地面除尘站集气除尘设施，除尘效率≥99%，捕集率≥90%。

熄焦工艺：采用干法熄焦密闭设备，配备布袋除尘设施，除尘效率≥99%，焦炭筛分、转运：配备布袋除尘设施，除尘效率≥99%。

（三）煤气净化装置

采用水、蒸汽等能源梯级利用、配备制冷设施。

工序要求：包括冷鼓、脱硫、脱氰、洗氨、洗苯、洗萘等实现自动控制操作。

煤气初冷器：采用"横管式初冷器或横管式初冷器+直接冷却器"冷却方式。

煤气鼓风机：采用变频调速或液力耦合调速。

脱硫、脱氨、脱氨：采用配套的脱硫及硫回收利用设施脱硫技术，脱氨配套洗氨、蒸氨、氨分解工艺或配套硫铵工艺或无水氨工艺。

（四）焦化厂的清洁生产技术措施

焦化厂生产涉及洗选、配煤、炼焦等工艺，焦化厂的清洁生产主要包括煤炭洗选生产的矸石、中煤和煤泥的综合治理和利用，炼焦过程中产生的煤气和利用，洗选和炼焦的废水处理和利用。主要技术措施有：

采用先进装备和生产工艺，淘汰落后设备和工艺，提高炼焦生产各项技术指标水平，配煤准确度要求达 98%，炼焦耗热量控制在 2 200kJ/kg，吨焦耗水量控制在 2.5kg/t~3.5kg/t，吨焦综合能耗 160kg/t~175kg/t，工艺指标合格率达 100%。

地面原煤、精煤、洗矸石、洗中煤、洗煤泥的贮堆场所全部采用封闭或半封闭方式，安装防尘抑止网，短距离装、运系统采用地面走廊或地下通道自动装卸胶带输送机运输系统，防止装、运过程丢撒和环境污染。

修建配套焦化厂地面生产系统的公安消防和洒水除尘给水、管网系统及设施，确保消防安全和能有效防止大气环境污染。

二、60万吨焦化厂二期工程

2010年建成65孔TJL5550D型焦炉1座，设计年生产规模为60万吨，除焦炉自用外，年富余焦炉煤气量为1.65亿标准立方米。该焦炉建成投产后，原66-4焦炉将拆除，焦炉生产正常后，焦炭生产规模为60吨/年。目前焦化一厂富余的煤气全部作为城市燃气使用，新焦炉投产后，焦炉煤气首先供城市燃气，剩余煤气发电。扩建后备煤采用先配后粉工艺，配煤仓下设电子自动配料秤配煤；炼焦采用炭化室高5.5m的侧装捣固煤饼高温炼焦技术，炉组规模1×65孔；熄焦采用湿熄焦工艺；煤气净化设有冷鼓电捕、硫铵、洗脱苯、脱硫及硫回收，净化后的煤气除焦炉回炉和管式炉使用外，剩余煤气一部分送热电站余热锅炉作为补燃煤气使用；剩余部分全部外送原厂内气柜，从气柜出来的煤气分两部分，其中一部分煤气送本工程焦炉气压缩装置，经加压后全部送本工程热电站装置进行热电联产，剩余煤气经原厂内煤气加压站加压进入原城市煤气管网外供城市煤气。

三、西山煤气化有限责任公司焦化二厂

（一）焦化二厂概况

焦化二厂是2010年新投产的焦化厂，焦炭生产设备为山西省化工设计院设计的QRD-2000型清洁型热回收焦炉。设计焦炭年生产能力为60万吨冶金焦。热回收焦炉炼焦过程中产生的焦炉煤气即刻在焦炉炭化室及炭化室下部的四联拱燃烧系统全部燃烧，燃烧产生的热量除部分供焦炉焦炭生产外，其余以热烟气形式排放。焦炉完全达产后，每小时热烟气（1050℃）排放量为38.4万立方米，每小时热量损失128.86GJ。

余热锅炉发电装置，由型号为Q900-35/3.82的锅炉4台、型号为

N15-3.43 的汽轮机 2 台和型号为 QF-K15-2 的发电机 2 台组成。锅炉额定蒸发量为 35t/h，发电机额定功率为 15MW，该电厂装机容量为 2×15MW，设计年发电量为 2.1 亿度。

（二）炼焦工艺

采用 QRD-2000 清洁型热回收捣固式炼焦炉，捣固快速侧装煤，平接焦，湿法熄焦。该焦炉是在国外无回收焦炉和我国炼焦成熟经验的基础上改进创新而成的，以适应山西省焦炭工业结构调整的要求，并做到投资少、见效快、清洁生产、保护环境、走可持续发展的道路。并且该炉型已获国家专利，适合山西焦炭工业结构调整的要求，设计规模为年生产焦炭 60 万吨。

工艺流程为：由备煤工段运来的合格炼焦煤，经皮带机送入焦炉煤塔。煤塔下设捣固站，焦炉用煤时，由煤塔漏咀直接装入布料小车料斗内，容量约 1/2 煤饼重量，布料斗下设液压驱动的插板阀和液压缸驱动的溜槽将煤均匀卸入捣固箱中，捣固成 12 750mm×3 400mm×1 000mm 的煤饼。煤饼密度 1.1t/m³~1.2t/m³，入炉干煤量 46.28t。捣好的煤饼连同煤箱一同被送入装煤车，运往将要出炉的炭化室前。推焦车推出该炭化室成熟的焦炭后，迅速关上焦侧炉门，将煤饼连同煤板一同推入炭化室，然后将煤饼尾部挡板在炉口锁定，装煤车抽出拖煤板，迅速关上机侧炉门。

由于炭化室侧墙和炉底焰道蓄有一定的热量，随即将部分炼焦煤加热，析出荒煤气。在炉顶和炉门上设有可调节的空气进气阀引入一次空气，空气与荒煤气燃烧产生热量将炉顶空间加热，通过热传导和热辐射加热煤饼。由于空气进气阀引入空气不足，炉顶空间为还原性气氛，不完全燃烧的气体从炭化室两则炉墙上的下降火道口分别进入机侧和焦侧下降火道，再进入炉底焰道。炉底焰道分为机侧焰道和焦侧焰道，均为单独调节，以达到加热均匀的目的。每个炉底焰道有四段通道，在通道内加入空气，使不完全燃烧的气体二次燃烧，产生热量加热炉底砖，通过热传导，加热煤饼底部。为保证每个炉底焰道加热的纵向均匀性，采用分段送空气。每个焰道外墙侧的转弯处设有可调节的空气进气风门，炉底焰道内装有热电偶测量焰道底部温度，以控制空气量，保证整个炭化室加热均匀。

从底部焰道出来的气体进入相对应的另一侧炉墙的上升火道，再进入位于焦炉顶中间部位的上升管。为保证炭化室吸力，每 15 个炭化室为一组，共用一个废气集气管（废气集气管出口热废气温度 1 050℃～1 150℃，热废气量 33 750Nm^3/h），热废气进入余热锅炉至发电车间。

（三）焦化先进技术特征

采用了具有国内先进水平的 AS 煤气净化工艺和 DCS、PLC 等自动控制系统；30 万吨/年煤焦油加工项目，被列为国家重点技改项目。在加强煤炭综合利用、深度加工攻关的同时，加强了提质降耗、环保等方面的研究开发。形成了煤岩配煤、特级冶金焦生产、焦粉配煤和造气用型焦等 20 余项自有技术和专利。

AS 流程就是以煤气中自身的 NH$_3$ 为碱源，吸收的 H$_2$S，吸收了 NH$_3$ 和 H$_2$S 的富液到脱酸蒸氨工段，解析出 NH$_3$ 和 H$_2$S 气体，贫液返回洗涤工段循环使用，氨气送氨分解炉生产低热值煤气后返回吸煤气管线，酸气送克劳斯焚烧炉生产硫黄。

1. 冷鼓部分

有三台横管初冷器，两用一备。初冷器采用三段水冷却（低温水、循环水、采暖水）；二段冷凝液喷洒（中、下段）洗涤煤气中的萘及焦油雾。电捕焦油器为国产蜂窝式，电控部分为 H-I 型恒流高压静电整流控制柜，两台并联操作。有两台煤气鼓风机，一开一备，一台为液力耦合鼓风机，一台为高压变频鼓风机，单台最大煤气处理能力

65 000m³/h。

2. 洗涤部分

有一台脱硫塔，两台洗氨塔，一台洗苯塔。脱硫塔和洗氨塔为钢板网填料，流体分布采用导流槽溅液分配器，操作弹性大，空隙率大，分配器不易堵塞，阻力小，洗苯塔为聚丙烯泰勒环填料，分布均匀，比表面积大。富液处理系统为一台脱酸塔，一台挥发氨塔，一台固定氨塔。脱酸塔材料为 TA3，塔内填料为聚丙烯鲍尔环；蒸氨塔为铸铁泡罩塔。剩余氨水和富液都采用砂石过滤器除油。

3. 氨分解硫回收部分

有一台氨分解炉，一台克劳斯炉，都装有 AD-946 型催化剂，采用立式锅炉回收余热。这两套装置大小、结构性能一样，可互相代用。

4. 粗苯部分

采用洗油洗苯、管式炉加热和单塔脱苯工艺，脱苯效率高，占地面积小。

5. 自控系统

AS 流程自控装置为美国霍尼维尔系统，采用 DCS 集散控制，包括冷鼓、洗涤、粗笨、脱酸蒸氨、氨分解硫回收和油库等，共 246 个监测点，128 个报警点，108 个联锁点，技术先进，操作简单，自动化程度高。

第七节　粉煤灰综合利用技术

一、粉煤灰陶粒技术

粉煤灰陶粒项目原料处理选用高产高细粉磨设备，该粉磨系统生产能力 30t/h。陶粒煅烧选择美国美泰科公司的箱式自蔓延烧结机工艺。

工艺流程：原料处理→配料→混合→成球→烧结→破碎→分级→成品。

（一）原料粉磨流程

建设一座炉渣仓，储量 160 吨，储期 1 天。一座粉煤灰仓，储量 160 吨，储期 0.5 天。进厂炉渣由汽车卸入受料坑后经提升送入炉渣料仓储存，仓底设一台定量给料机。粉煤灰由电厂灰库经气力输送设施送入粉灰仓储存，仓底设一台分体计量称。粉煤灰、炉渣计量后由胶带输送机送入粉磨设备。粉磨后的物料通过空气输送斜槽、斗式提升机进入细粉仓储存。粉磨系统废气经一台高效气箱脉冲袋式器，净化后排入大气。

（二）陶粒烧结流程

1. 细料储存及喂料

新建两座细粉仓，储量共计 1 100 吨，储期 2 天。仓底均设一套喂料计量装置，由皮带输送机送入预湿成核系统。

2. 成球

采用两台预湿成核系统和专门用途的成球机。干料与一定比例的水在成核机中经搅拌形成生料球核，通过成球盘的倾斜转动，生料球逐渐增大形成生料球。

生料球的大小，通过调整成球盘的转速和倾斜度控制，生料球强度通过 2m 自由落体破碎率评定。

3. 烧结

通过电动小车、引风室、烧结箱实现。

烧结过程：烧结采用平面烧结装置。点火采用新型烧结机直接电点火。生料球布满烧结箱后，由电动小车将烧结箱吊至过渡位置，移位机移动到处点火位点火，点火采用 60KW~100KW 的电点火。点好火的烧结箱再由电动小车移至引风位，被点燃的上层料球在风力作用下从表层向下逐渐燃烧，经过一定时间燃烧至烧结箱底部，冷却后移至卸料机处卸料。

烧结温度：1000℃~2000℃；烧结热耗小于 1×10^5 kc.Al/m^3 陶料。

烧结箱采用耐热密封材料，负压烧结，最大限度地减少热损失，降低能耗，同时还为收尘提供了良好的条件，大大降低了传统烧结机很难改善的漏风率。

4. 破碎、筛分

烧结过程有可能出现少量粘接现象,通过破碎机破碎为小于 16mm 的颗粒。筛分机为三级筛分，5mm~16mm 为陶粒成品，0.63mm~5mm 为陶砂，0.63 mm 以下为粉尘经过筛分后分别堆放。

5. 除尘系统

生产过程产生的粉尘和烟气，通过负压集中收尘系统收集、沉降室沉淀，收尘器过滤，过滤后的气体通过烟囱排放，排除气体灰尘含量不大于 50mg/m^3。

6. 控制系统

采用先进的计算机控制系统，动态实时监控，中文友好界面设主控室和电控室，整个生产线实现全自动一体化生产。

控制内容：测定布袋除尘器入口温度；粉煤灰、水和添加剂（需要时）计量控制；烧结机的速度控制；成球盘的成球控制；整个工厂运转状态显示；紧急停车和故障停车；故障诊断和排除系统；所有材料的日、周、月的计量报告。

7. 成品破碎及堆存

烧结后的陶粒经破碎、筛分后成品分别堆存放在一个 18 m×36 m 堆棚内储存。

二、粉煤灰加气混凝土砌块技术

该项目利用粉煤灰（烧失量≤10%）、水泥、石灰、石膏、铝粉膏生产粉煤灰加气混凝土砌块，用饱和蒸汽作为养护介质。

工艺流程：原料制备→配料浇注→静停初养→切割→蒸压养护。

（一）原料制备

粉料的配备：生石灰（或块状石膏）由鄂式破碎机粗碎后，出料粒度在 20 mm~80 mm；粗碎后经斗式提升机送入粗石灰（石膏）仓中储存；进入球磨机粉磨，细度为 80 um 筛余 9%~14%。细粉料经斗式提升机送入细粉仓中备用。

料浆的制备：粉煤灰经变频调速螺旋给料机送入制浆罐计量，随后石膏粉、石灰粉经计量后加入到制浆罐中，加水搅拌制成比重为 $1.42g/cm^3$~$1.45g/cm^3$ 的浆体，然后经渣浆泵送入料浆储罐中储存备用。

（二）配料浇注

此工段是将制备好的原料，按照工艺配方，通过自动控制系统进行恰当而准确的配合，即：将备用的水泥经计量斗累计称量，备用的粉煤灰、石膏浆经计量罐称量，铝粉膏经人工计量后一次加入搅拌浇注罐内，经加温，搅拌 5~7min 制成温度为 40℃~45℃、符合工艺要求的料浆，并浇注成型。

一次浇注量用于浇注一个模具，模具规格为 6.0m×1.2m×0.6m。此工艺为固定浇注。

（三）静停初养

浇注完成后，由摆渡车和牵引机将模具车拉入静停室内进行 1.5~2 小时的静停，要求室内温度在 40℃~45℃，使胚体内水化反应充分、恰当发泡、稳定硬化并达到一定的切割强度。

（四）切割

从静停室中出来的胚体，通过翻转吊车吊起模框进行脱模。吊起模底板要求规格用纵横钢丝进行切割，切割尺寸偏差在 1.5mm 以内。

（五）蒸压养护

此工艺采用直径 2.68 m，长 38 m 的蒸压釜进行蒸压养护。

采用的蒸压制度为：进出釜 0.5 小时，抽真空 0.5 小时，升压 1.5 小时，恒压 7 小时，降压 1.5 小时，养护周期为 11 小时。每天循环 2 次。

供汽室提供 1.4KPa 的蒸汽，恒温压力 1.0MPa~1.2MPa，温度为 195℃左右。

蒸压养护结束后由卷扬蒸压小车连同制品拉出至釜后轨道上，再将小车运至成品堆场，由龙门卸砖机将小车上的砖夹至成品堆场，同时进行外观检验，分别堆放。

（六）工艺技术特点

此工艺属国内成熟工艺，主要特点是：以水泥、石灰、石膏和粉煤灰为基本原料，生产容量为 300kg/m³~800kg/m³ 的加气混凝土砌块。采用干法混磨工艺将块状石灰、石膏磨细制备胶结料，再与粉煤灰料浆、铝粉膏和水泥配料搅拌。采用定点浇注，轨道输送，隧道式热室静停初养。采用地翻式切割机进行切割，它六面切割，四面扒皮，废砚头全部可以再回收利用，恒温压力为 1.0～1.2MPa。

本系统料仓及各个分料仓布置在室外，设有简易的钢结构防雨篷，而浇注成型系统等布置在室内。

第八节　主要信息化技术

建设数字化矿井，采用计算机智能化管理，实现矿井生产自动化是现代化矿井的重要标志，也是提升煤矿在特殊条件下集约高效生产的有效手段。

循环经济园区内各产业链节点项目采用大量的先进信息化技术，是一个数字化和信息化集成现代化园区。园区成立了信息化部门和实施机构，构建了集团、矿、地面二级单位双路由光纤通信网、双核心交换式千兆以太网、局域网，建成了瓦斯监测监控联网络、产量监控系统、井下人员定位、设备租赁管理系统、物资供应管理信息系统、办公 OA 系统、内外网站、煤炭远程安全教育网。建成了采用计算机控制的大采高智能化工作面、薄煤层刨煤机自动化工作面，安装了井下信集闭系统。在官地矿成功开发了"基于空间 GIS 技术的全信息化数字矿山管理平台"，实现了计算机信息网络技术、数字化矿井技术和矿井可视化技术在煤矿井下恶劣环境中的可靠性、安全性取得突破，工业化应用进入实质阶段。基于"两网一平台、管控一体化"的建设思路，在杜儿坪矿建成了"矿井综合自动化系统"，实现了"管控一体化"，深化了"两化融合"。

东曲矿采取了无线监管系统（见图 4-13），煤矿主管领导及管理人员可以随时随地利用手持设备（如手机、掌上电脑等）与煤矿的安全实时监控系统互联，实时查询当前各监控点的情况、瓦斯浓度及各类安全生产统计报表；随时记录安全隐患及下达隐患处理意见；快速查询行业法规及业务流程，发布瓦斯预警等信息。

图4-13 东曲矿无线安全监察办公系统功能示意图

第五章 煤矿循环经济系统复杂性评价

第一节 煤矿循环经济系统的复杂度测度熵理论研究

一、循环经济系统的循环复杂度熵信息评价

　　循环经济系统是由产业链网构成的复杂系统，需要物质、能量、信息的输入，同时也是一个耗散系统。循环经济系统的规模大小、结构复杂程度由循环的范围区域、产业与产品的特征、循环层次、梯度转化演变等要素决定，因此这里采用循环经济系统的循环复杂度概念来描述一个循环经济系统的复杂性特征。如参量或特征量差异的提取、概念的描述、性质的判断、复杂关系的逻辑推理和评价因子、要素、维度、强度问题等。

对于循环经济系统的循环复杂度的评价，目前没有成型的理论与度量模型。这里建立多维熵尺度的格空间，以熵信息量作为尺度来测度循环经济的复杂度，并以此作为主线贯穿整个理论研究，提出一系列的概念、理论与方法体系。

利用熵的重要特征，作为度量复杂信息的尺度，解决了复杂度测度的尺度问题。

二、广延量

熵的一个重要特性是广延量。熵的广延量的性质，可以扩展到非平衡态。普里高津提出了局域平衡态的理论，即系统虽然在总体看是不平衡的，但从很小的区域和部分来看是平衡的。如把非平衡系统分成许多小的局域，每个小局域从宏观上看，足够小以致它的性质均匀一致，可以看作是平衡态；而从微观上看，足够大，满足统计方法描述的条件。因而，每个小局域都可以作为平衡态进行描述与评价，这样，整个系统的非平衡态特性就可以确定下来。

三、态函数

熵的另一个重要特性是态函数，即描述定态的参量与过程无关。态函数熵的另一个重要特性是态函数即描述定态的参量与过程无关，利用格空间理论，巧妙构思与构造一个格空间，为循环经济复杂度参量的立体化刻画搭建依托框架，也为熵的广延与态函数特性确定了施展的局域和过程（态）刻度。熵的信息度量的特性则是这个空间的大小（维度）的测度的尺度单位，于是构造出一个复杂度测度的全方位的测度体系。

四、多维的尺度空间测度模型建立

在构造了理论体系后，则可进行解决研究对象—— 循环经济系统复杂度的测度，以及各个层次上的循环经济系统结构、组成、格局，包括它们在时间上的状态变化的动态性描述等问题。同时，测度循环系统的功能，研究与测度形成产业结构、功能和过程的规律。

循环经济系统复杂系统产业链网结构复杂，主产业系统和子系统包括产业链系统、各产业的内部生产系统、车间的生产系统、劳动组织、工艺系统；环境系统、生态系统的节能减排系统、环保系统同时也包含着多个相互关联的子系统。整个系统的特性既体现在各个子系统的单独特性上，又体现在子系统之间相互关联耦合的特性上，包括主系统与子系统的联结关系，如复合关系、串联、并联、混联系统等，节点与环节、各子系统的复合状态与相互关系、层次等。因此必须确定循环经济结构复杂性的复杂参量，提取复杂信息，建立测度模型。同时，测度循环经济系统的功能性，研究与测度复杂结构、格局背后的功能和形成过程规律；演化与突变性测度；不确定性、可靠性、安全性等这些异质性与复杂性的联系与关系。对于不同维次尺度和测度问题，建立多维的尺度空间模型进行测度。

对于循环经济梯度转化过程规律的研究，在建立的格空间中，视测定与评价的循环经济系统的梯度转化过程为空间一个个点构成的轨迹，取某时间点的态函数进行观察。在转化过程中随时间变化，呈现一个个不同的暂时的定态，或一定时间间隔的状态，视为观察点。通过度量这些时刻的循环经济系统构成的状态参量，如产业结构、特性、行为、功能等，将这个观察点具有的状态所表现出的复杂度特征置于此评价的熵尺度格空间中，对这些时间点进行系统的复杂度信息评价，得到统一的信息量值。对每个不同的暂时的定态统一进行复杂度信息量值的刻画，反映出循环经济系统的梯度转化过程，实现在忽略其难以进行模型描述的复杂过程的情况下，度量得知复杂度结果，如同一个切线集合束，得到梯度转化复杂度信息量的演化轨迹。

循环系统时间点定态的多维复杂度参量构成一个个格空间，空间的形态取决于个体参量的维度（分量的个数），三维复杂参量可构成立方体，多维则构成多棱体，通过场、力学、矢量空间、格空间的数学手段，可以得到每个多维个体复杂度参量的统一或合熵信息量，实现降维的目的。依次类推，由每个复杂参量格合熵信息量得到总格空间合熵信息量值，这样获取了循环经济系统时间点态复杂度信息量评价值。随着时间的变化，循环经济系统的耗散环境发生了变化，为了应对这种变化，循环经济系统产业链网结构等也发生了变化，因而系统复杂度也随之变化。在新的时间点上，同样应用上述过程获取复杂度变化的统一信息量值。连接不同的时间点统一信息量值，形成一个轨迹，描述复杂度的演化过程。这里提出循环经济复杂度切线的概念，点态的描述恰似一个循环经济系统非线性模型的某个定态点（观察点）的一个切线或卡尺的度量过程，度量这个非线性函数的曲率和相关特征，即描述其循环经济系统复杂度的表现特征和演化规律。

设多维复杂度评价参量集合空间为 $x_1, x_2, \cdots, x_n, x \in X$ ，n 为参量空间维度，S 为循环经济系统时间 t 时刻的状态的统一复杂度信息量，则有：

$$S(t) = f(x; t)$$
$$S_0 = f_0(x_1, x_2, \cdots, x_n; t_0)$$
$$S_1 = f_1(x_1, x_2, \cdots, x_n; t_1)$$
$$\cdots \cdots \cdots \cdots$$
$$S_n = f_n(x_1, x_2, \cdots, x_n; t_n)$$

这样 $(S, f(x; t))$ 形成一个时变有限状态确定系统。随着时间的变化，不同的定状态形成 S 运动轨迹，描述出循环经济系统复杂度的演化规律。

采用的研究技术是基于扩展的结构学派的研究方法；提出循环经济复杂度测度的新的空间理论，以熵作为信息量的统一尺度表征复杂度信息量来评价循环经济系统的复杂度，提出一系列的概念、理论与方法体系，保证评价指标体系的普适性、一致性与统一性。

第二节 循环经济系统复杂性分析与评价模型的建立

一、循环经济系统复杂性评价参量的概念

首先定义循环经济系统复杂性评价参量的概念。

节点：产业链的因果链起始点，循环经济系统产业转换点 x_{ij}。

环节：产业链的因果链，循环经济系统产业上、下游产业间连接链。

循环层次：循环经济系统中产业循环转化的次数。如图 5-1，共包含 n 个循环层次。

代谢跨度：一个产业直接喂给代谢下游产业的数目。如图 5-1，第 n 层的代谢跨度为 2。

关系水平：循环经济系统中不同层次间和各个要素间的横向与纵向间的相互关系。

关系集合={直接代谢关系，间接代谢关系，在较高层次上并列关系，在较低层次上并列关系，在同一层次上并列关系}。如图 5-1，(x_{11}, x_{21}) 构成直接代谢关系，(x_{11}, x_{31}) 为间接代谢关系，$(x_{i1}, x_{i2}, \cdots, x_{ij})$ 构成不同层次上的并列关系。

循环层次越多，复杂度要求越高；循环跨度增大，则上、下层关系数增长加快，复杂度增大。

产业链轨迹：在循环经济系统的纵向上，经过不同循环层次的处于发生代谢状态的产业（或因果链）到达结束点的路径称为产业链轨迹，即处于产业链轨迹上的不同循环层次的各个产业发生跨越各层次的纵向代谢状态的产业链集合簇。如图 5-1，$(x_{11}, x_{21}, \cdots, x_{ij}, \cdots, x_{(n-1)1}, x_{n1})$ 为第

一条产业链轨迹，又如 $(x_{11}, x_{22}, x_{34}, x_{44}, x_{56}, \cdots, x_{ij}, \cdots, x_{(n-1)j}, x_{n2})$ 也构成一条产业链轨迹。

耦合即产业链间发生代谢关系的节点集合。耦合集合越大，循环经济系统复杂度越大。如图 5-1 耦合集=$\{x_{42}, x_{44}, x_{51}, x_{57}, \cdots, x_{ij}, \cdots, x_{(n-1)j}, x_{n1}, x_{n2}\}$。

经济循环的整体层次性，生命系统从微观到宏观就包括细胞、组织、器官、个体、种群、群落、生态系统等，组成了具有多层次、多功能的复杂结构层次。当由小的单元组成大的单元时，整体会随着结构的复杂化，而附加新的性质，产生了新的功能和新的特征，这就是整合层次理论。该理论的基本观点是：整体规律大于局部规律之和，局部的规律只有在整体的调节下才有意义。

发展循环经济、构筑循环型社会，同样应该从系统、整体的角度着眼，综合调节和控制整体与部分的关系，统筹整体功能和局部利益，从不同层面把生产、消费、循环再生体系纳入社会循环的框架之中。

二、循环经济系统逻辑结构的建立

循环经济系统是一个组合的结构体，它的子系统关系表现为一个有限的离散数学结构。循环经济系统的运行机制是由一定网络规律定义的逻辑结构。

从产业链经济活动工作流程的流动上，循环经济系统复杂结构 g 是上下关联的结构体，$g = (DN, DT, \rho, B)$。这里，DN 是一系列产业链子系统；D_i 是一个子系统间的界面点或节点，也是产业循环代谢活动的转换点；B 是循环产业链起点最上游产业集合；DT 是终点最下游的产业集合；ρ 是循环产业链网运行机制，即各种产业活动的运行逻辑结构的集合，$\rho = (\alpha, \beta, \gamma)$。其中 α 是循环经济系统链网结构参量，描述循环层次和代谢跨度方面的信息量；β 是循环方式参量，描述有关循环产业耦合和产业链轨迹方面的信息量；γ 是关系参量，描述产业链间复杂逻辑关系方面的复杂度信息量。从结构、方式和关系三维空间立体上描述了循环经济系统的有关复杂度的参量，如图 5-1、5-2 所示。

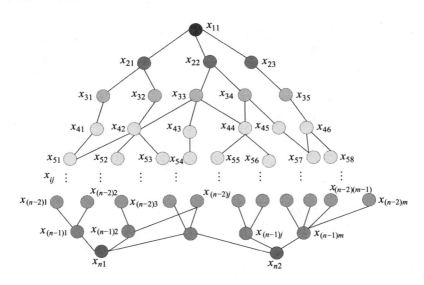

图 5-1 循环经济系统结构图

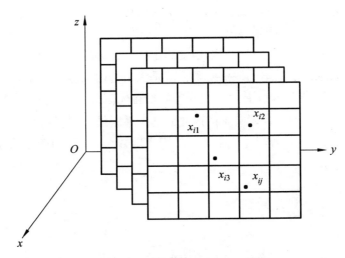

图 5-2 循环系统复杂度空间图

由图 5-1、5-2 可以看出，这是一个非同维结构的问题，即主、次划分评价参量维数不同，有二维（元）或三维（元），涉及降维的问题。

为此建立起一个循环经济系统产业链状态的空间概念，建立同空间直立且与某一坐标面平行，且依同时并行每个循环经济系统复杂度参量划分为独立的一个个网格面，各面上行格为循环层次，格点为产业部门 S_i，建立起产业系统状态空间网格。xOz 平面的投影为各循环层次集合，y 平面的投影反映了循环跨度等指标；而 xOy 平面的投影则为循环轨迹集合和耦合集合。这样，建立起了循环经济系统复杂度的评价模型。

三、熵作为复杂度信息含量的度量

本研究方法的实质是依据信息熵的基本意义，在循环经济系统中，系统单个要素的复杂度平均信息量对相对应的总体要素的平均信息量贡献程度的度量，即每个基本评价要素对总体复杂度的平均信息量贡献，称为信息量几率，建立几率与熵的相互关系。物理学家劳厄说过："熵与几率之间的联系是物理学最深刻的思想之一。"在本问题中其熵信息含量表示所评价问题的复杂度确定程度，即复杂度信息的多少。

该系统的最基本的评价要素，就是因果链因果链定义如下。

定义 1：设产业或要素 d_i 与 d_j，如果有代谢关系，则定义联结弧 a_{ij} 为因果链。对发生代谢关系的产业间的关系联结，用弧和节点表示。

显然，若 n_r 为产业代谢关系的因果链数，t 为不同产业总数，则因果链为 n：

$$n = \sum_{r=1}^{t} n_r \tag{5-1}$$

定义 2：若几率为 $f_x = \dfrac{n_x}{n}$，依几率、概率与仙农熵函数间的关系，得信息熵为：

$$H = -\sum_{r=1}^{t} \frac{n_t}{n} \log \frac{n_t}{n} = -\sum_{r=1}^{t} f_r \log f_r = -\sum_{r=1}^{t} p_r \log p_r \qquad （5\text{-}2）$$

四、复杂度参量熵信息评价模型

（一）循环跨度熵函数

定义 3：若 c_i 表示 i 循环层所有代谢关系的集合，x_i 表示第 i 循环层的产业数，c_{ik} 表示为产业 k 在 i 层所有代谢关系的集合，x_{ik} 表示产业 k 在第 i 循环层次的循环跨度，则有 $x_{ik} \in c_i$，$x_{ik} \leqslant x_i$，$i = 1,2,\cdots,m$。循环跨度的熵信息量 H_{kx} 为：

$$H_{kx} = -\sum_{k=1}^{m} \frac{x_{ik}}{X_i} \log \frac{x_{ik}}{X_i} \qquad （5\text{-}3）$$

式中：m 为产业的总数。

（二）协同轨迹熵函数

定义 4：受个别部门的职能低效或失效影响，形成协同轨迹的中断，定义为非顺畅协同路径或轨迹；而协同轨迹同顺序顺畅达到协同终点的轨迹称为顺畅协同路径或轨迹。

通常循环产业链轨迹是有限状态的，它的全部发生的状态是同顺序最终达到循环最终点。但循环产业链结束点是不一致，并不全部同时到达终点。

定义 5：设循环层次 $T_1, T_2, \cdots, T_i, \cdots, T_n$，产业节点 $S_1, S_2, \cdots, S_j, \cdots, S_m$ 构成集合，则循环系统的产业链矩阵为 ε。

$$\varepsilon = [(T_i, S_j)]_{n \times m} = [A_{ij}]_{n \times m}, \ i = 1, 2, \cdots, n, j = 1, 2, \cdots, m$$

$$\varepsilon = \begin{bmatrix} A_{11} & A_{12} & \cdots & A_{1j} \\ A_{21} & A_{22} & \cdots & A_{2j} \\ \vdots & \vdots & & \vdots \\ A_{n1} & A_{n2} & \cdots & A_{nj} \end{bmatrix} = \begin{cases} 1 \\ 0 \end{cases}, \quad A_{ij} = \begin{cases} 1 \ \text{子系统 } i \ \text{共享信息 } j; \\ 0 \ \text{否则} \end{cases}$$

定义 6: 若在 i 循环层次内，产业 Y_{jh} 是循环 $h(1, i)$ 的产业链轨迹上的一个节点，则产业链轨迹上的节点集合为 $h = [(1, 1), (1, 2), (1, 3), \cdots, (1, i), \cdots, (1, n_t)]$，$n_t$ 为产业总数。若节点集合全部的终态为 $h \in (1, n_t)$，则称产业 Y_{jh} 为全轨迹发生状态，该产业链网矩阵 j 列的元素 A_{ij} 皆为 1；否则，称该产业处于非同轨迹发生状态。

同理，若某个产业 T_i 由同一循环层次上的所有产业参与耦合运行，则称该产业链产业为全耦合发生状态，该循环层次上产业链矩阵 i 行的元素 A_{ij} 皆为 1。

若设 Y_q 为处于发生耦合状态产业数，Y_f 为处于非耦合发生状态产业数，Y 为该循环层次内的全部产业总数，$Y = Y_q + Y_f$，决定该循环层次内循环轨迹上节点或产业的熵信息含量如下：

$$H_{jy} = -\frac{Y_q}{Y} \log \frac{Y_q}{Y} \tag{5-4}$$

$$H_f = -\frac{Y_f}{Y} \log \frac{Y_f}{Y} \tag{5-5}$$

五、系统的统一复杂度度量

（一）三维复杂度度量的尺度空间

在如上求得各个循环参量的信息熵值之后，如何评价整个循环系统统一复杂度，进而评价各个子系统的统一复杂度。

（二）尺度空间的定义

定义熵函数对于每个域的不同尺度，以获得一个矢量空间 E，它含有变量 X，Y 和 Z。E 的元素定义为复杂度矢量 $e_i = (x_i, y_i, z_i)$ 或 $e_i = (x_i, y_i)$ 或 $e_i = (x_i)$。矢量 $e_i \in H^3$ 或 $e_i \in H^2$ 或 $e_i \in H$。这里 H^3，H^2，H 是 H 上的三维、二维和一维空间。

定义 7：若 H 上的矢量空间 E 的矢量 e_i 形式为 $\|e_i\|: E \to H$，用以来表示复杂度矢量 e_i 长度的信息内容，集合 $(E, \|e_i\|)$ 带有内积的复杂度空间，$\|e_i - e_{i+1}\|$，叫作 E 的尺度或 e_i 到 e_{i+1} 的距离，定义为：

$$d(e_i, e_{i+1}) = \sqrt{(x_i - x_{i+1})^2 + (y_i - y_{i+1})^2 + (z_i - z_{i+1})^2} \qquad （5\text{-}6）$$

式中：d 是在部门 B_i 之后，$B_i + 1$ 产生的熵信息量。

命题：对于主、次划分评价参量维数不同的非同维结构的问题，可通过引入零向量，降维的方法求解。

证：引入零分量，向平面投影，进行降维。对非同维的分量，如其中 x_i，y_i，z_i 中不同时为零，则必有其中一个向量的长度有一个唯一确定的算术平方根，反映了向量处于坐标平面上的情况，即式（5-6）仍有实数解，由此可以得到命题。

六、循环系统力场与功的抽象描述

场的概念在自然场中定义为物质做各种能量的运动的存在方式，能量一般定义为事物运动的量度。在社会场中定义为社会事物能量运作的存在方式，即一切社会事物运动的存在。同样，在循环经济系统的内各种信息力相互作用存在。

定义 8：循环经济系统内信息力的运动和相互作用的存在为信息力场。

定义 9：对于这个在概念空间的力场，引用牛顿的功的原理来度量复杂信息力功值。

$$W = F \cdot D \cdot \cos\theta \tag{5-7}$$

式中：W 是"信息力功值"；$F = \|e_i\|$ 是通过距离 D 所施加的力值；θ 是矢量由力的施加形成的角度。由前述的熵尺度空间定义，其量化值意义为复杂度的熵信息含量值。

以三维为例，如图 5-3，由矢量间的欧几里得三角关系，则有：

$$\cos\theta = \frac{\sqrt{\|e_i\|^2 - z_i^2}}{\|e_i\|} \tag{5-8}$$

由公式（5-6）（5-8）代入公式（5-7），得子系统或部门 i 在特定矢量空间 E 中的力功方程式：

$$w_i = z_i \sqrt{\|e_i\|^2 - z_i^2} \tag{5-9}$$

那么，产生系统全部力功的信息量为：

$$\|w\|_e = \sum_{i=1}^{m} z_i \sqrt{\|e_i\|^2 - z_i^2} \tag{5-10}$$

依次可推演出三维的复杂度信息量如式（5-11）~（5-13）。

$$\|w\|_\alpha = \sum_{i=1}^{m} z_{x_i} \sqrt{\|e_{x_j}\|^2 - z_{x_i}^2} \tag{5-11}$$

$$\|w\|_\beta = \sum_{i=1}^{m} z_{y_i} \sqrt{\|e_{y_i}\|^2 - z_{y_i}^2} \tag{5-12}$$

$$\|w\|_\gamma = \sum_{i=1}^{m} z_{z_i} \sqrt{\|e_{z_i}\|^2 - z_{z_i}^2} \tag{5-13}$$

同理，降低维度后，可推演出对应的一维、二维复杂度信息量计算式。

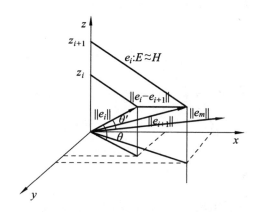

图5-3　协同复杂性矢量空间 E

七、整体复杂度度量的统一尺度

为得到全部循环经济系统复杂度的尺度，需要建立一个统一的空间。这里给出三维的复杂度度量的统一尺度的数学模型。

定义 10：令三个复杂度空间结合，并在这新的空间上定义一个新的复杂度尺度 $E_x \times E_y \times E_z$ 叫做三维熵空间；ϕ 是一个影像，由 $\phi: E_x \times E_y \times E_z \to H$ 所定义，是 H 上的三维形式或三维的协方差张量；定义此张量为 $T_3(H)$，也是 H 上的一个矢量空间。如果定义一个 3×3 矩阵 B_e，由 E_x，E_y 和 E_z 上的部门 B_i 的三维复杂度矢量构成，作为矩阵的行，那么 $\|\phi_i\| = \|\phi(e_{x_i}, e_{y_i}, e_{z_i})\| = |\det(B_{m_i})|$ 是张量的形式，表示管理活动协同部门的统一熵，$\|\phi_i\|$ 也是信息含量值，即张量复杂度值。

定义 11：若设集合 $(T_3(H), \|\phi_i\|)$ 为复杂度多维空间，则 H 上的尺度或从 E_i 到 E_{i-1} 的距离定义为：

$$\left\| \Phi\left(Ex_i, Ey_i, Ez_i \right) - \Phi(Ex_{i-1}, Ey_{i-1}, Ez_{i-1}) \right\|$$
$$= \left\| \Phi(Ex_i - Ex_{i-1}, Ey_i - Ey_{i-1}, Ez_i - Ez_{i-1}) \right\| \qquad (5\text{-}14)$$
$$= \left| \det(Bm_i - Bm_{i-1}) \right|$$

这是在 B_{i-1} 的部门之后部门 B_i 需要产生的全部复杂度信息量，则

$$\left\| B \right\|_T = \sum_{i=1}^{m} \| \Phi_i \| = \sum_{i=1}^{m} \left\| \Phi(E_{x_i}, E_{y_i}, E_{z_i}) \right\| = \sum_{i=1}^{m} \left| \det(B_{m_i}) \right| \qquad (5\text{-}15)$$

是全部张量的熵值，且

$$\left\| B \right\|_E = \sum_{i=1}^{m} \| \Phi(E_{x_i}, E_{y_i}, E_{z_i}) - \Phi(E_{x_{i-1}}, E_{y_{i-1}}, E_{z_{i-1}}) \|$$
$$= \sum_{i=1}^{m} \left| \det(B_{m_i} - B_{m_{i-1}}) \right| \qquad (5\text{-}16)$$

同理，将上述表达式降维，可推演出一维、二维复杂度信息量统一评价尺度。

八、多维空间复杂度信息评价模型

依据上述的过程求得信息量的熵值，因为这是一个不同维次的评价问题，需建立多维信息熵尺度空间评价模型来度量统一信息量值，构建熵信息空间场来进行评价系统的复杂度信息综合值。

设 $X_n(x_i, i = 1, 2, \cdots, n)$ 为 H 熵空间上的 n 维矢量空间，即 $X_n(x_i, i = 1, 2, \cdots, n) \rightarrow H^n$，分量 $x_i \in H^n$。对于这个在多维概念空间的复杂度信息力场，由功的原理来建立评价模型、度量信息力能值，则有：

$$W = \left\| \vec{F} \right\| \left\| \vec{D} \right\| \cdot \cos\theta$$

而 $\left\| \vec{F} \right\|$ 是通过距离 D 所施加的信息力值，θ 是矢量由力的施加形成的角度，由此表示在一个特殊的矢量方向中的矢量 W，即"协同信息能量

值"的构成。若 $\vec{F} = \{x_1, x_2, \cdots, x_n\}$，则有：

$$\|\vec{F}\| = \sqrt{x_1^2 + x_2^2 + \cdots + x_n^2}$$

由多维矢量空间的欧几里得关系可得

$$\cos\theta = \frac{\sqrt{\|\vec{F}\|^2 - x_n^2}}{\|\vec{F}\|} \tag{5-17}$$

对于分量 w_i，由上述公式得其在特定矢量空间中的能量方程式：

$$w_i = x_{in}\sqrt{\|\vec{F_i}\|^2 - x_{in}^2} = x_{in}\sqrt{x_{i1}^2 + x_{i2}^2 + \cdots + x_{i\,(n-1)}^2} \tag{5-18}$$

那么，全部复杂信息力能信息量为

$$W = \sum_{i=1}^{n} w_i = \sum_{i=1}^{n} x_{in}\sqrt{\|\vec{F_i}\|^2 - x_{in}^2} \tag{5-19}$$

九、统一尺度模型的建立

为得到全部复杂信息力能尺度，需要建立一个统一的尺度空间。这里给出 n 维的度量的统一尺度的数学模型。

定义一个 n 维复杂信息力能尺度空间，$W_1 \times W_2 \times W_3 \times \cdots \times W_i \times \cdots \times W_n$ 为 n 维熵空间，n 为 W 的第一次划分 W_i 的维度，n_i 为分量的维数。若设 Φ 是一个影像，由 ϕ：$W_1 \times W_2 \times W_3 \times \cdots \times W_i \times \cdots \times W_n \to H$ 所定义，Φ 是 H_n 上的 n 维张量。

定义此张量为 $T_n(H)$，也是 H 上的一个矢量空间。如果定义一个 $n \times m$ 矩阵 B_i，（$i = 1, 2, \cdots, m$），$m = \max\{m_1, m_2, \cdots, m_n\}$ 由 $W_1, W_2, W_3, \cdots, W_i, \cdots, W_n$ 上的分量 $W_{ki}(b_{ij}^k)(i = 1, 2, \cdots, n_i; j = 1, 2, \cdots, m_i; k = 1, 2, \cdots, n)$ 的矢量对应行构成，如果某行的列数小于 m，可用 0 元素补齐，那么 $\|\phi_i\| = \|\phi_i(W_{ki})\| = \|B_i\|$ 是张量的形式，表示各信息力能分量 W_i 的统一熵复

杂信息力能量值。

若设集合 $(T_n(H), \|\phi_i\|)$ 为协同信息力能 n 维空间，则 H 上的尺度或从 W_i 到 W_{i-1} 的距离定义为：

$$\|\Phi_i(W_{ki}) - \Phi_i(W_{ki-1})\| = \|\Phi_i(W_{ki} - W_{ki-1})\| = \|B_i - B_{i-1}\| \quad （5-20）$$

$$\|w\|_T = \sum_{i=1}^n \|\Phi_i\| = \sum_{i=1}^n \|\Phi(W_{ki})\| = \sum_{i=1}^n \|B_i\|$$

这是在分量 W_{i-1} 之后分量 W_i 需要产生的全部复杂信息力能信息量，则

$$\|w\|_E = \sum_{i=1}^n \|\Phi_i(W_{ki+1} - W_{ki})\| = \sum_{i=1}^n \|B_{i+1} - B_i\| \quad （5-21）$$

$\|w\|_E$ 是全部张量的熵值，为全部需要产生的复杂信息力能信息量。

同理，三维尺度空间是多维空间的一个特例。通过降维可以使多维尺度空间转化为三维尺度空间，利用上述的三维尺度的评价方法进行评价。

循环经济复杂度的测度理论及方法研究是一个新的循环经济系统复杂度的评价方法，循环经济系统是一个不同层次间多层次，同一层次中多因素的复合结构系统。其系统间的关系、因素间的关系、信息传递的相互关系等反映了循环经济系统的结构上的复杂性。网络路径、耦合；循环层次、代谢跨度、关系水平等多维尺度来测度复杂度。并综合运用经济学、数学、力学、信息论、统计学、管理学、系统分析、关系论、集合论、图论、点阵论、布尔代数等数学方法和理论来描述复杂度。提出了循环经济系统复杂度的基本概念、定义、基本原理和研究范围。基于熵尺度的基本原理，建立循环经济系统复杂度测度的新尺度和评价方法，因而扩展了循环经济系统的理论与研究方法的范围，在研究的深度和广度上有所扩展。

依据所构建的循环经济系统复杂度模型性质，用来评价和量化不同的循环经济系统复杂度，而得到不同的复杂性信息含量。根据评价对象的性质，按一定的复杂性信息含量范围，划定复杂程度或等级，作为一个评价指标体系，提高系统的效率，为减少循环经济系统复杂

度提供理论和实践依据。

第三节　基于熵理论的循环经济系统
复杂性评价模型

循环经济系统是由产业链网构成的复杂系统，是一个耗散系统，需要物质、能量与信息的输入与耗散。循环的范围区域、产业与产品的特征、循环层次、梯度转化演变等要素决定了循环经济系统的规模大小、结构复杂程度，因此这里采用循环经济系统的循环复杂度概念来描述一个循环经济系统的复杂性特征。如参量或特征量差异的提取、概念的描述、复杂关系的逻辑推理和评价因子、要素、和维度问题等。

对于循环经济系统的循环复杂度的评价，目前没有成型的理论与度量模型。这里建立多维熵尺度的格空间，以熵作为尺度来测度循环经济的复杂度。

循环经济系统复杂系统产业链网结构复杂，该系统包含着多个相互关联的子系统。而整个系统的特性既体现在各个子系统的单独特性上，又体现在子系统之间相互关联耦合的特性上，这里的耦合包括主系统与子系统的联结关系，如复合关系、串联、并联、混联系统等，节点与环节、各子系统的复合状态与相互关系、层次等。因此确定循环经济结构复杂性的复杂参量，提取复杂信息后，建立了循环经济系统产业链结构复杂性评价模型和环境熵评价模型。

一、循环经济系统产业链结构复杂性评价模型

（一）熵作为复杂性的度量

产业链系统作为社会系统中的一个子系统，具有耗散结构的一般

特性，并且熵作为衡量系统有序度的一个普适量，同样可以用来评价产业链系统的有序程度。

依据信息熵的基本意义，在循环经济系统中，系统单个要素的复杂度平均信息量对相对应的总体要素的平均信息量贡献程度的度量，即每个基本评价要素对总体复杂度的平均信息量贡献，称为信息量几率。

若几率为 $f_i = \dfrac{n_i}{n}$ ，按照几率、概率与仙农熵函数间的关系，系统的复杂性信息量为[52]：

$$H = -\sum_{i=1}^{t} \frac{n_i}{n} \log \frac{n_i}{n} = -\sum_{i=1}^{t} f_i \log f_i = -\sum_{i=1}^{t} p_i \log p_i \qquad （5-22）$$

（二）评价要素的确定与熵复杂信息量度量

煤炭产业链以煤炭企业为核心，以煤炭资源为基础，以煤炭深加工和伴生资源综合利用为产业节点，以追求煤炭产品增值为目标，形成的动态的链式组织[63]。以熵作为尺度来测度循环经济系统产业链结构的复杂性，其评价要素模型如图5-4所示。

$$
\text{循环经济系统产业链}\atop\text{结构复杂性评价因素}
\left\{
\begin{array}{lll}
\text{复杂性因素} & & \text{复杂性度量信息含量} \\
\text{群落等级} & x_1 & h(x_1) \\
\text{代谢跨度} & x_2 & h(x_2) \\
\text{节点度数} & x_3 & h(x_3) \\
\text{关系数} & x_4 & h(x_4) \\
\text{节点连通度} & x_5 & h(x_5)
\end{array}
\right.
$$

图5-4　循环经济系统结构复杂性评价要素

（1）节点：设系统在点 i 处发生物质的喂给，即原料的输入点、产品的输出点，则称点 i 为节点。其中 $1 \leqslant i \leqslant m$，$m$ 为节点总数。

（2）群落等级：指循环经济系统中产业链的等级层次结构，群落等级越大，产业链结构越复杂。节点 i 的群落等级复杂性信息量为：

$$h(x_{1i}) = -\frac{1}{n}\log\frac{1}{n} \quad (n\ 为群落等级总数)\tag{5-23}$$

则产业链群落等级总复杂性信息量为：

$$h(x_1) = -\frac{m}{n}\log\frac{1}{n} \quad (m\ 为节点总数)\tag{5-24}$$

（3）代谢跨度：指代谢上游产业直接喂给代谢下游产业的数目。代谢跨度越大，上、下层关系数越大，产业链结构越复杂。设节点 i 的代谢跨度为 x_{2i}，节点 i 的代谢跨度复杂性信息量为：

$$h(x_{2i}) = -\frac{x_{2i}}{x_2}\log\frac{x_{2i}}{x_2},\ x_2 = \sum_{i=1}^{m}x_{2i} \quad (m\ 为节点总数)\tag{5-25}$$

则产业链代谢跨度总复杂性信息量为：

$$h(x_2) = \sum_{i=1}^{m}h(x_{2i}) = -\sum_{i=1}^{m}\frac{x_{2i}}{x_2}\log\frac{x_{2i}}{x_2} \quad (m\ 为节点总数)\tag{5-26}$$

（4）节点度数：指进入和输出节点的链条数。节点度数越大，产业链结构越复杂。设节点 i 的度数为 x_{3i}，节点 i 的度数复杂性信息量为：

$$h(x_{3i}) = -\frac{x_{3i}}{x_3}\log\frac{x_{3i}}{x_3},\ (x_3 = \sum_{i=1}^{m}x_{3i},\ m\ 为节点总数)\tag{5-27}$$

则产业链节点度数的总复杂性信息量为：

$$h(x_3) = \sum_{i=1}^{m}h_{3i} = -\sum_{i=1}^{m}-\frac{x_{3i}}{x_3}\log\frac{x_{3i}}{x_3} \quad (m\ 为节点总数)\tag{5-28}$$

（5）关系数：指循环经济系统中不同层次间和各个要素间的横向与纵向间的相互关系的数目，它是度量循环经济系统产业链结构复杂性的重要指标。从某种意义上说，产业链中各因素之间复杂的连接关系决定了产业链系统的复杂程度。这里定义关系集合 $R=\{r_1,r_2,r_3,r_4,r_5\}$，$r_1$ 表示直接弄关系，r_5 表示并列关系。节点的关系数越多，与该节点发生关系的数目越多，关系越复杂，产业链结构越复杂。

设节点 i 具有关系 r_j 的关系数为 x_{4i}，则节点 i 的关系数为 $x_{4i}=\sum_{j=1}^{5}x_{4ij}$，节点 i 的关系数复杂性信息量为：

$$h(x_{4i})=\frac{x_{4i}}{x_4}\log\frac{x_{4i}}{x_4} \tag{5-29}$$

其中 $x_4=\sum_{i=1}^{m}x_{4i}=\sum_{i=1}^{m}\sum_{j=1}^{5}x_{4ij}$，$m$ 为节点总数。

则产业链节点关系数的总复杂性信息量为：

$$h(x_4)=\sum_{i=1}^{m}h(x_{4i})=-\sum_{i=1}^{m}\frac{x_{4i}}{x_4}\log\frac{x_{4i}}{x_4}（m \text{ 为节点总数}） \tag{5-30}$$

（6）产业链轨迹：在循环经济系统的纵向上，经过不同循环层次的处于发生代谢状态的产业（或因果链）到达结束点的路径称为产业链轨迹，即处于产业链轨迹上的不同循环层次的各个产业发生跨越各层次的纵向代谢状态的产业链集合簇。

（7）节点连通度：在产业链的各节点上，产业链轨迹的数目。节点的连通度越大，该节点与产业链上其他节点联系越紧密，产业链结构越复杂。设节点 i 的连通度为 x_{5i}，所有节点的连通度之和为 x_5，则节点 i 的连通度复杂性信息量：

$$h(x_{5i})=\frac{x_{5i}}{x_5}\log\frac{x_{5i}}{x_5} \tag{5-31}$$

其中 $x_5=\sum_{i=1}^{m}x_{5i}$，m 为节点总数。

则产业链节点连通度总复杂性信息量为：

$$h(x_5) = \sum_{i=1}^{m} h(x_{5i}) = -\sum_{i=1}^{m} \frac{x_{5i}}{x_5} \log \frac{x_{5i}}{x_5} \qquad (5\text{-}32)$$

每层复杂信息量为该层不同复杂性因素指标值所组成的向量的模，系统总的复杂性值为每层复杂性信息量所组成的向量的模。

二、循环经济系统环境熵评价模型

（一）基本原理

煤炭企业循环经济园区建设的"3R"原则体现了减熵或者增加负熵的思想。园区的起始节点煤矿耗费原始的煤炭资源，同时排出煤矸石、矿井废水等废弃物，造成资源浪费和环境污染，是环境增熵的过程，通过建设煤矸石综合利用电厂和矿井水回用项目，这些原来的废弃物变成了可用的高度有序的产品资源，减少了对环境的破坏，是环境减熵的过程，同时产生的粉煤灰排放到环境中意味着向无序退化，又是环境增熵的过程，循环经济就是按照这样的思想不断地将废弃物减量化、再利用、再循环直到废弃物实现零排放，循环经济系统的环境熵达到最优。

（二）循环经济系统环境熵计算模型

利用熵来量化循环经济系统的环境熵可计算申农信息熵公式。设有 $A_1, A_2, \cdots, A_n$ 共 n 个可能结局，而每个结局的出现几率分别为 $p_1, p_2, \cdots, p_n$，其不确定程度 H 由公式 $H = -\sum_{i=1}^{n} p \log_r p$ 确定。此公式是计算不确定程度或信息熵的基本公式 p_1, p_2。

这里环境熵用于描述循环经济系统各节点产生的工业废弃物对环境潜在的混乱程度。

环境熵的定义为：环境系统微观子系统的混乱程度在宏观上宏观量的反映，即在某一时刻 t，循环经济园区所有节点排放到环境中的废弃物对环境造成的混乱程度的宏观总体上的度量量。它包括两方面内容：环境增熵和环境减熵。

环境增熵 $E_增$：在 t 时刻，阶段 i 节点 j 处于增熵状态 $s_增(i,j)$ 时，产生的工业废弃物排放到环境对环境造成混乱程度的度量。

环境减熵 $E_减$：在 t 时刻，阶段 i 节点 j 处于减熵状态 $s_减(i,j)$ 时，产生的工业废弃物的综合利用，减少对环境造成混乱程度的度量。

（1）相关概念的介绍及符号表述。

阶段 i：循环经济系统的产业链层次，$i=1,2,\cdots,m$。

节点 j：循环经济系统产业链上的各个生产单位，$j=1,2,\cdots,n$。

增熵状态 $s_增(i,j)$：在 t 时刻，第 i 阶段节点 j 排泄到环境中的所有废弃物的数量，包括各种固体、液体和气体废弃物，它是一个多维向量：

$$s_增(i,j)=(s_增^1(i,j),s_增^2(i,j),\cdots,s_增^k(i,j))$$

减熵状态 $s_减(i,j)$：在 t 时刻，第 i 阶段节点 j 产生的废弃物被利用的部分的数量，包括各种固体、液体和气体废弃物，它也是一个多维向量：

$$s_减(i,j)=(s_减^1(i,j),s_减^2(i,j),\cdots,s_减^k(i,j))$$

其中：$1,2\cdots k$ 表示排放的各种废弃物。

（2）模型的建立。

申农信息熵公式为 $H=-\sum_{i=1}^{n}p\log_r p$，对函数 $f(x)=-x\log_r x$ 求导可知，当 $x=\dfrac{1}{e}$ 时，$f(x)$ 取得极大值 $\dfrac{\log_r e}{e}$；当 $x<\dfrac{1}{e}$ 时；信息熵 H 随着 x 的增大而增大；当 $x\geq\dfrac{1}{e}$ 时，信息熵 H 随着 x 的增大而减少，这与本书

定义的环境熵的概念不吻合，故对申农信息熵公式进行改进。改进如下：

若 i 阶段节点 j 的增熵状态为 $s_{增}(i,j)$，则第 i 阶段节点 j 产生的环境增熵为：

$$E_{增}(i,j) = \begin{cases} -p_{增}(i,j)\log_r p_{增}(i,j), & 0 \leq p(i,j) < 1/e \\ \dfrac{2}{e}\log_a e + p_{增}(i,j)\log_r p_{增}(i,j), & 1/e \leq p(i,j) \leq 1 \end{cases} \quad （5\text{-}33）$$

若 i 阶段节点 j 的减熵状态为 $s_{减}(i,j)$，则第 i 阶段节点 j 减少的环境减熵为：

$$E_{减}(i,j) = \begin{cases} -p_{减}(i,j)\log_r p_{减}(i,j), & 0 \leq p(i,j) < 1/e \\ \dfrac{2}{e}\log_a e + p_{减}(i,j)\log_r p_{减}(i,j), & 1/e \leq p(i,j) \leq 1 \end{cases} \quad （5\text{-}34）$$

其中：

$$p_{增}(i,j) = \frac{\left\| s_{增}(i,j) \right\|}{\left\| \sum\limits_{i=1}^{m} \sum\limits_{j=1}^{i_j} s_{增}(i,j) \right\|}$$

$$= \frac{\left\| (s_{增}^1(i,j), s_{增}^2(i,j), \cdots, s_{增}^k(i,j)) \right\|}{\left\| (\sum\limits_{i=1}^{m} \sum\limits_{j=1}^{i_j} s_{增}^1(i,j), \sum\limits_{i=1}^{m} \sum\limits_{j=1}^{i_j} s_{增}^2(i,j), \cdots, \sum\limits_{i=1}^{m} \sum\limits_{j=1}^{i_j} s_{增}^k(i,j)) \right\|} \quad （5\text{-}35）$$

$$p_{减}(i,j) = \frac{\left\| s_{减}(i,j) \right\|}{\left\| \sum\limits_{i=1}^{m} \sum\limits_{j=1}^{i_j} s_{减}(i,j) \right\|}$$

$$= \frac{\left\| (s_{减}^1(i,j), s_{减}^2(i,j), \cdots, s_{减}^k(i,j)) \right\|}{\left\| (\sum\limits_{i=1}^{m} \sum\limits_{j=1}^{i_j} s_{减}^1(i,j), \sum\limits_{i=1}^{m} \sum\limits_{j=1}^{i_j} s_{减}^2(i,j), \cdots, \sum\limits_{i=1}^{m} \sum\limits_{j=1}^{i_j} s_{减}^k(i,j)) \right\|} \quad （5\text{-}36）$$

$\sum\limits_{i=1}^{m} \sum\limits_{j=1}^{i_j} s_{增}^q(i,j)$ 为循环经济系统各阶段的节点排放到环境中的废弃物 q 的总和，其中 i_j 是第 i 层节点个数。$\sum\limits_{i=1}^{m} \sum\limits_{j=1}^{i_j} s_{减}^q(i,j)$ 为循环经济系统各阶

段的节点被利用的废弃物 q 的总和，公式（5-37）和（5-38）就是环境增熵模型。将各阶段的每个节点的环境增熵进行累加，可以得到各阶段的环境增熵：

$$E(i) = \sum_{j=1}^{i_j} E_{增}(i, j) \tag{5-37}$$

将每个阶段的环境增熵累加，可以得到整个循环经济系统的环境增熵：

$$E = \sum_{i=1}^{m} E(i) = \sum_{i=1}^{m} \sum_{j=1}^{i_j} E_{增}(i, j) \tag{5-38}$$

将各阶段的每个节点减少的环境减熵进行累加，可以得到循环经济系统各阶段减少的环境减熵：

$$E(i) = \sum_{j=1}^{i_j} E_{减}(i, j) \tag{5-39}$$

将每个阶段的减少的环境减熵累加，可以得到整个循环经济系统减少的环境减熵：

$$E = \sum_{i=1}^{m} E(i) = \sum_{i=1}^{m} \sum_{j=1}^{i_j} E_{减}(i, j) \tag{5-40}$$

第四节　西山古交煤矿循环经济复杂系统评价实证研究

前面对煤炭行业循环经济的复杂性进行了相关分析，并建立了煤炭循环经济系统产业链结构复杂性评价模型和环境熵评价模型，这里对西山煤电集团古交循环经济园区复杂系统复杂性和环境熵进行实证分析。

一、西山煤电集团古交循环经济复杂系统产业链结构节点分析

西山煤电集团是山西焦煤集团的核心企业，是全国最大的炼焦煤生产基地，也是全国首批循环经济试点单位之一。现有 1 个上市公司、22 座生产矿井、9 座选煤厂、3 座发电厂、3 个焦化厂、2 个建筑公司及水泥厂、化工厂、煤气化公司等；开采的西山煤田总面积 788 平方公里，资源总量 92.7 亿吨。西山煤电集团建设现代化煤矿资源开发循环经济发展模式，已经形成了以煤炭为基础、以电力和煤化工为支柱产业、以构建环保节能型企业为目标的发展格局，成为我国煤矿循环经济的示范工程，并被国家发改委和煤炭能源专家称为"西山模式"。

古交循环经济园区主要以马兰矿、屯兰矿、镇城底矿、西曲矿、东曲矿各矿为产业节点，以煤矸石、中煤运输通道为链条线，形成循环经济产业集群，是西山煤电集团最早探索建设的循环经济园区。园区循环经济项目主要有目前全国最大的中煤坑口电厂——兴能发电有限责任公司、古交配煤厂、焦化厂、铁厂等项目。古交循环经济园区形成了"煤—电—建材""煤—焦—化""煤—伴生资源（煤层气，铝，铁）"三条产业链，形成了以煤、电、化、冶金为核心的产业集群，水、电及环境资源共享，集中供水、供热和水处理，统筹环境治理和生态环境建设，形成了一个多矿集约化的循环经济体系。

1. 煤炭项目节点

（1）屯兰矿。

屯兰矿原设计年生产能力 400 万吨（2005 年技术改造后核定能力为 500 万吨），并配备具有相应生产能力的现代化选煤厂。主要煤种有肥煤、焦煤和少量的瘦煤，其中肥煤、焦煤是世界性稀缺资源，具有低磷、低硫和黏结性强等特点，是冶金、电力行业的优质原料，也是理想的环保用煤。

（2）马兰矿。

马兰矿是国家"六五""七五"期间建设的国有重点煤矿，于 1983

年 11 月开工建设，1990 年 6 月正式投产，设计年生产能力 400 万吨，服务年限 139 年。矿井面积为 104.4 平方公里，工业储量 12 亿吨，可采储量为 8 亿吨。主要产品为经洗选加工后的肥精煤，产品销往国内30 余家钢铁厂，并远销日本、韩国、印度等国际市场。

（3）东曲矿。

东曲矿于 1991 年 12 月建成投产，年设计生产能力 400 万吨。矿区井田面积 59.9 平方公里，可采储量 4.7 亿吨，煤种有焦煤、瘦煤和贫煤。产品有焦精煤、瘦精煤和动力煤。

（4）西曲矿。

西曲矿是我国"七五"重点建设项目，1979 年 8 月 1 日正式开工，1984 年 12 月 1 日正式投产，井田总面积 39.5 平方公里。设计年生产能力 300 万吨（2005 年重新核定为 340 万吨），服务年限为 1998 年。

（5）镇城底矿。

镇城底矿是国家"六五"重点建设项目。矿井于 1983 年元月开工建设，1986 年 11 月建成移交生产，原设计能力 150 万吨，2005 年经重新核定批复生产能力为 190 万吨。矿区总面积 23.8 平方公里。全区煤层总厚度为 161.11 米，含煤系数为 10.42%，主采煤为 2 号、3 号与8 号煤，所含煤层煤质以肥煤、焦煤为主。

（6）屯兰川地方煤矿。

屯兰川的 14 座小煤矿整合成若干座 30 万 t/a 以上的大中型煤矿，山西古交义城煤业有限公司以古交义金煤业有限公司为主体整合古交镇义煤矿有限公司，古交义金煤业有限公司为生产能力 30 万 t/a 的基建矿井，古交镇义煤矿有限公司为生产能力 21 万 t/a 的基建矿井。整合后地方煤矿生产能力合计为 300 万 t/a。通过资源整合，进一步为循环经济园区产业链提供一定的煤炭资源保障。

2. 选煤厂及瓦斯利用项目街点

西山古交矿区五大煤矿均有配套的洗煤厂，同时古交矿区煤矿的瓦斯得到了充分开发利用。

（1）屯兰矿选煤厂。

屯兰矿选煤厂占地面积 0.18 平方千米，原设计年入洗原煤 400 万吨，2004 年对浮选系统及快速装车系统进行改造，生产能力达到年入洗原煤 500 万吨。入洗原煤基本上来自屯兰矿井，主要洗后产品以国家十级、九级冶炼焦精煤为主，副产品以优质混煤为主，精煤产品硫分均衡，黏结指数稳定，洗煤副产品全部供古交电厂发电。

（2）马兰矿选煤厂。

马兰矿选煤厂于 1993 年 10 月 20 日建成投产，设计入洗能力 400 万 t/年。主要产品为十级精煤，精煤产品位居"山西名牌产品"之列，主要销往国内 20 多家大型炼钢企业，出口日本、韩国、巴西等国际市场。

（3）东曲矿选煤厂。

东曲矿选煤厂于 1994 年 11 月 5 日正式投产，占地面积 12 公顷。设计入洗能力为 400 万吨/年。主要产品有 12 级以下瘦精煤、发热量 17 580 千焦耳（4 200 大卡）以上的动力煤和山西兴能发电有限公司用原混煤。产品销往北京、河北、山东、天津等地。入洗原煤全部来自东曲矿井，原煤种类有焦煤、瘦煤和贫煤，原煤灰分 30% 左右，±0.1 含量在 40% 以上。

（4）西曲矿选煤厂。

西曲矿选煤厂位于山西省古交市西北汾河北岸，年处理能力为 300 万吨，1987 年 10 月 20 日建成投产。主要洗选设备由国外引进，国内设备配套。洗后产品为"西山"牌十级焦精煤，获"山西省名牌产品"称号。产品主要销往国内大型钢铁焦化企业，部分出口日本、韩国等国。

（5）镇城底矿选煤厂。

镇城底矿选煤厂位于山西省古交市镇城底镇，1986 年 11 月 20 日建成投产，原设计入洗能力为 150 万吨原煤，2005 年重新核定入洗能力为每年 190 万吨原煤。入洗原煤全部来自镇城底矿，矿井的 2 号、3 号煤（低硫煤）和 8 号煤（高硫煤）分采分运进厂，按比例进行配洗。原煤属中等易选煤，主要洗后产品为"镇城底"牌十级肥精煤（主要质量规格：灰分≤10%；硫分≤1.3%；水分≤12%；按发分 24%~28%；

胶质层最大厚度＞25mm；黏结指数≥90），连年荣获"山西省名牌产品称号，主要销往国内大型钢铁、焦化企业，2005年后部分出口日本、韩国；副产品洗中煤可供电厂作动力用煤。

（6）东曲矿瓦斯电站。

东曲矿瓦斯电站总装机规模 6×500 KW，分两期建设，一期工程装机容量为 3×500KW，二期工程装机容量为 3×500 KW。

（7）屯兰矿瓦斯电站。

屯兰矿瓦斯电站总装机规模 11×3 000 KW，为分三期建设，一期工程装机容量为 4×3 000 KW，已建成投产发电；二期工程装机容量为 4×3 000 KW；三期工程容量为 3×3 000 KW。

（8）马兰矿瓦斯电站。

马屯兰矿瓦斯电站总装机规模 4×1 800 KW，为分两期建设：一期工程装机容量为 2×1 800 KW，已建成投产发电；二期工程装机容量为 2×1 800 KW。

3. 配煤项目节点

古交配煤厂是目前全国最大的中煤坑口电厂——古交电厂的配套项目，集中混配由铁路专用线、公路和东曲—古交电厂的地下运煤通道运送的五对矿井洗选出的中煤，为电厂提供燃料。2003 年 6 月开工，2005 年 1 月 25 日竣工投产，是目前国内工艺先进、规模最大的配煤厂。年设计配煤能力 540 万吨，自动化程度高、运行可靠，整个配煤、运输、取料全部集中控制，自动完成。

4. 发电项目节点

山西兴能发电有限责任公司作为西山古交矿区"煤—电—建材"循环经济产业链的重要环节，一期工程每年可燃用 200 万吨洗中煤、煤泥和部分矸石；

二期工程安装 2×600 MW 超临界参数直接空冷机组，主要以古交矿区选煤厂中煤、煤泥和煤矸石为燃料。项目年发电量为 660 000 万

KWh，年供电量为 603 800 万 KWh。可燃用原料 400 多万吨，进一步提高了煤炭资源的综合利用率，很大程度上解决了矿区洗中煤、煤泥和部分矸石由于堆放带来的环境污染问题；同时，有效地缓解了古交矿区的铁路运力，创造了更大的经济效益。

5. 化工项目节点

（1）古交煤气化公司。

古交煤气化公司分为焦化一厂和焦二厂：

焦化一厂于 1992 年 1 月正式投产，2010 年进行改扩建，建成 65 孔 TJL5550D 型焦炉 1 座，设计年生产规模为 60 万吨，除焦炉自用外，年富余焦炉煤气量为 1.65 亿标准立方米。

焦化二厂是 2010 年新投产的焦化厂，焦炭生产设备为山西化工院设计的 QRD-2000 型清洁型热回收焦炉，煤焦油、粗苯和焦炉煤气一起作为焦炉燃料，可以解决煤焦油和粗苯可能带来的环境问题。设计焦炭年生产能力为 60 万吨冶金焦。热回收焦炉炼焦过程中产生的焦炉煤气即刻在焦炉炭化室及炭化室下部的四联拱燃烧系统全部燃烧，燃烧产生的热量除部分供焦炉焦炭生产外，其余以热烟气形式排放。

（2）电石厂。

电石厂利用古交矿区丰富的焦末、石灰石资源以及丰富的电力资源，并采用先进的电石生产工艺，实现资源的有效利用。分二期实施：一期建设为 20 万 t/a 电石项目，二期建设为 40 万 t/a。

（3）PVC 厂。

PVC 厂通过电石法生产乙烯产品，然后利用烧碱项目的副产品氯气来生产 PVC（聚氯乙烯）。生产规模 70 万 t/a。本项目需要建设 10 万 t/a 烧碱项目作为 PVC 项目的一部分。

（4）化肥厂。

化肥厂主要以镇城底台盘村附近煤矿生产的煤炭为原料，同时利用古交煤气化公司 60 万 t/a 焦化厂除供应民用外富余的焦炉煤气为补充原料，年生产 18 万吨合成氨（中间产品），30 万吨尿素和 2 万吨甲醇。

（5）煤焦油深加厂。

煤焦油深加厂加工煤焦油的生产能力为 30 万 t/a，所需焦油原料主要来自屯兰川和原平川的焦化厂。该厂由西山煤电集团和主要焦化企业合资建设。

6. 冶金项目节点

（1）氧化铝厂。

氧化铝厂以古交电厂的粉煤灰为基本原料，建设项目包括氧化铝熟料烧成、拜尔法系统以及辅助设施，采用碱溶法提取氧化铝，生产规模为 30 万 t/a。每年可消耗粉煤灰 120 万吨，节约铝土资源 90 万吨。

（2）铁厂。

铁厂以焦化厂的焦末为燃料，结合当地废铁原料，生产能力为 70 万 t/a。

7. 建材项目节点

（1）硅钙渣水泥厂。

古交电厂 400 万 t/a 硅钙渣水泥生产项目年产 30 万吨氧化铝消耗 120 万吨粉煤灰，将生成 240 万吨硅钙渣。利用硅钙渣生产水泥熟料，采用新型干法，建两条 5 000t/d 水泥熟料生产线。所生产的 310 万 t/a 熟料，再掺至少 20%的粉煤灰、5%电厂脱硫石膏，磨制成 400 多万 t/a 水泥。粉煤灰消耗量 180 万 t/a、脱硫石膏 20 万 t/a。

（2）电石渣水泥厂。

电石渣水泥厂位于马兰工业区康庄村，该厂采用先进的新型窑外分解"干磨干烧"工艺利用电石厂产生的电石渣，建设一条 2 500t/d 水泥熟料生产线，可生产电石渣水泥 100 万 t/a。磨制成 100 万吨水泥时，还可掺加 20 万吨粉煤灰、5 万吨脱硫石膏。

（3）粉煤灰烧结砖厂。

2×6 000 万块/年粉煤灰烧结砖厂利用古交电厂的粉煤灰资源生产烧结砖，生产规模为年产 2×6 000 万块烧结砖。每年可消耗粉煤灰 20 万吨。

（4）煤矸石制砖厂。

煤矸石制砖厂利用屯兰川产业基地选煤厂排出的矸石制砖，生产规模为 2×6 000 万块/年，年消耗煤矸石 30 万吨。

8. 铁路专用线项目节点

为了满足不断增长的屯兰川产业基地运输需求开展了古交循环经济园区建设铁路专用线项目。该项目包括 2.08 公里铁路专用线、屯兰煤焦集运站、屯马铁路专用线改造、太岚铁路古交站改造。

根据上述介绍，西山煤电集团古交循环经济园区产业链结构简图见图 5-5。

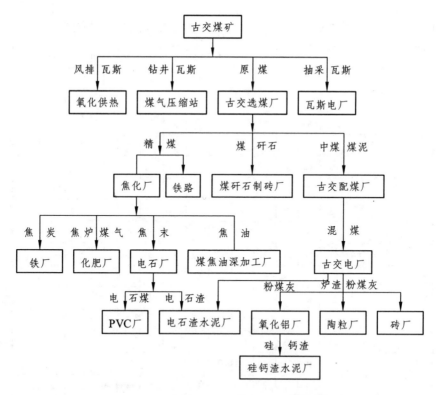

图 5-5　古交循环经济产业链结构简图

二、古交循环经济系统产业链结构复杂性分析

对古交循环经济产业链图 5-5 运用上述循环经济系统产业链结构复杂性评价模型进行计算，计算结果如表 5-1、5-2 所示。

表 5-1　古交循环经济园区产业链结构复杂性评价

节点	x_{1i}	x_1	x_{2i}	x_2	x_{3i}	x_3	关系数					x_{4i}	x_4	x_{5i}	x_5
							1	2	3	4	5				
古交煤矿	1		4		4		4	15	0	0	0	19		14	
M1 层内和		1		4		4							19		14
氧化供热	2		0		1		0	0	1	0	3	4		1	
压缩站	2		0		1		0	0	1	0	3	4		1	
选煤厂	2		4		5		4	11	1	0	3	19		11	
瓦斯电厂	2		0		1		0	0	1	0	3	4		1	
M2 层内和		1		4		8							31		14
焦化厂	3		4		5		4	2	1	1	3	11		5	
铁路	3		0		1		0	0	1	1	3	5		1	
矸石砖厂	3		0		1		0	0	1	1	3	5		1	
配煤厂	3		1		2		1	5	1	1	3	11		4	
M3 层内和		1		5		9							32		11
铁厂	4		0		1		0	0	1	2	4	7		1	
化肥厂	4		0		1		0	0	1	2	4	7		1	
电石厂	4		2		3		2	0	1	2	4	9		2	
焦油加工厂	4		0		1		0	0	1	2	4	7		1	
古交电厂	4		4		5		4	1	1	2	4	12		4	
M4 层内和		1		6		11							42		9
PVC 厂	5		0		1		0	0	1	3	4	8		1	
水泥厂	5		0		2		0	0	2	3	4	9		2	
氧化铝厂	5		1		2		1	0	1	3	4	9		1	

续表

节点	x_{1i}	x_1	x_{2i}	x_2	x_{3i}	x_3	关系数					x_{4i}	x_4	x_{5i}	x_5
							1	2	3	4	5				
陶粒厂	5		0		1		0	0	1	3	4	8		1	
砖厂	5		0		1		0	0	1	3	4	8		1	
M5 层内和		1		1		7							42		5
水泥厂	6		0		1		0	0	1	4	0	5		1	
M6 层内和		1		0		1							5		1
总体量和		6				40			·				171		54

表 5-2 古交循环经济园区产业链结构复杂性评价

节 点	$h(x_{1i})$	$h(x_{2i})$	$h(x_{3i})$	$h(x_{4i})$	$h(x_{5i})$	
古交煤矿	0.129 7	0.139 8	0.1	0.106	0.148 2	
M1 层内和	0.129 7	0.139 8	0.1	0.106	0.148 2	0.282 1
氧化供热	0.129 7	0	0.04	0.038 2	0.03	
压缩站	0.129 7	0	0.04	0.038 2	0.03	
选煤厂	0.129 7	0.139 8	0.112 9	0.106	0.136	
瓦斯电厂	0.129 7	0	0.04	0.038 2	0.03	
M2 层内和	0.518 8	0.139 8	0.233	0.320 5	0.226	0.704 8
焦化厂	0.129 7	0.139 8	0.112 9	0.076 7	0.090 8	
铁路	0.129 7	0	0.04	0.044 9	0.03	
矸石砖厂	0.129 7	0	0.04	0.044 9	0.03	
配煤厂	0.129 7	0.065 1	0.065 1	0.076 7	0.079 2	
M3 层内和	0.518 8	0.204 8	0.258	0.279 4	0.230 1	0.713 2
铁厂	0.129 7	0	0.04	0.056 8	0.03	
化肥厂	0.129 7	0	0.04	0.056 8	0.03	
电石厂	0.129 7	0.1	0.084 4	0.067 3	0.049 8	
焦油加工厂	0.129 7	0	0.04	0.056 8	0.03	

节 点	$h(x_{1i})$	$h(x_{2i})$	$h(x_{3i})$	$h(x_{4i})$	$h(x_{5i})$	
古交电厂	0.129 7	0.139 8	0.112 9	0.081	0.079 2	
M4 层内和	0.648 5	0.239 8	0.382 5	0.296 3	0.219 1	0.871 9
PVC 厂	0.129 7	0	0.04	0.062 2	0.03	
水泥厂	0.129 7	0	0.651	0.067 3	0.049 8	
氧化铝厂	0.129 7	0.065 1	0.651	0.067 3	0.03	
陶粒厂	0.129 7	0	0.04	0.062 2	0.03	
砖厂	0.129 7	0	0.04	0.062 2	0.03	
M5 层内和	0.518 8	0.065 1	0.250 3	0.321 3	0.169 9	0.684 2
水泥厂	0.129 7	0	0.04	0.044 9	0.03	
M6 层内和	0.129 7	0		0.044 9	0.03	0.140 5
总体量和	2.464 1	0.789 3		1.368 3	1.023 4	3.100 7

由表 5-2 可知，西山煤电集团古交循环经济园区总的复杂性信息量为 3.100 7。

三、西山煤电集团古交循环经济园区环境熵分析

对循环经济产业链图 5-5 运用上述循环经济系统环境熵评价模型进行计算，其废弃物排放利用情况如表 5-3 所示。

1. 环境增熵

首先对各层各节点的排放到自然界的废弃物用向量表示出来。其次，计算各层次各节点的排放到自然界中的废弃物在整个循环经济体系中所占的比例。最后，计算各层次各节点的环境增熵，由于 $p(i, j)$ 在 $1/e = 0.3679$ 两侧环境熵的公式不同，所以首先要比较 $p(i, j)$ 和 $1/e$ 的大小关系，再进行计算。均以 10 为底进行计算，由于 $lg0$ 没有意义，在这里规定 $lg0=0$。计算结果如表 5-4 所示。

表 5-3　古交循环经济园区废弃物排放利用

节点	烟尘	二氧化硫	粉尘	粉煤灰		炉渣及其他		煤矸石		工业废水	
				产生	利用	产生	利用	产生	利用	产生	复用
古交煤矿	104.39	915.86	0	0	0	5.19	0	449.75	0	534.1	376.97
第1阶段	104.39	915.86	0	0	0	5.19	0	449.75	0	534.1	376.97
氧化供热	0	0	0	0	0	0	0	0	0	0	0
压缩站	0	0	0	0	0	0	0	0	0	0	0
瓦斯电厂	0	0	0	0	0	0	0	0	0	0	0
选煤厂	158.5	450.7	234.7	0	0	523.3	0	220.1	30	5 256.2	5 256.2
第2阶段	158.5	450.7	234.7	0	0	523.3	0	220.1	30	5 256.2	5 256.2
铁路	0	0	0	0	0	0	0	0	0	0	0
焦化	0	315.73	570.21	0	0	0.03	0	0	0	2.8	2.8
配煤厂	0	0	0	0	0	0	0	0	0	0	0
第3阶段	0	315.73	570.21	0	0	0.03	0	0	0	2.8	2.8
铁化厂	98.7	879.5	180.6	0	0	2520	0	0	0	0	0
化肥厂	102.3	997.6	1 463.1	0	0	2136	534	0	0	28.6	28.6
电石厂	67.8	578.6	986.3	0	0	9.68	6.2	0	0	32.5	32.5
古交电厂	1 642.16	2 298.522	1 625.4	141.87	130	0	0	0	0	75.37	75.37
第4阶段	1 910.96	4 754.22	4 255.4	141.87	130	4 665.68	540.2	0	0	136.47	136.47
PVC厂	132.1	342.6	423.5	0	0	322.1	0	0	0	63.2	63.2
水泥厂	66.2	89.7	94.3	0	0	147.9	0	0	0	53.1	53.1
氧化铝厂	56.2	13.4	68.7	0	0	153.2	0	0	0	32.4	32.4
陶粒厂	34.2	23.1	46.7	0	0	137.6	0	0	0	23.9	23.9
砖厂	76.5	136.7	147.8	0	0	199.6	0	0	0	56.7	56.7
第5阶段	365.2	605.5	781	0	0	960.4	0	0	0	229.3	229.3
水泥厂	89.3	137.5	286.2	0	0	98.7	0	0	0	77.3	77.3
第6阶段	89.3	137.5	286.2	0	0	98.7	0	0	0	77.3	77.3
总体置量和	2 628.35	7 179.51	6 127.51	141.87	130	6 253.3	540.2	669.85	30	6 236.17	6 079.04

表 5-4 古交循环经济园区环境熵计算

节 点	增熵状态 $s_{增}(i, j)$	$p_{增}$	$E_{增}$
古交煤矿	(104.39, 915.86, 0, 0, 5.19, 449.75, 157.13)	0.091 3	0.094 9
第 1 阶段	(104.39, 915.86, 0, 0, 5.19, 449.75, 157.13)	0.091 3	0.094 9
氧化供热	(0, 0, 0, 0, 0, 0, 0)	0.000 0	0
压缩站	(0, 0, 0, 0, 0, 0, 0)	0.000 0	0
瓦斯电厂	(0, 0, 0, 0, 0, 0, 0)	0.000 0	0
选煤厂	(158.5, 450.7, 234.7, 0, 523.3, 190.1, 0)	0.067 8	0.079 2
第 2 阶段	(158.5, 450.7, 234.7, 0, 523.3, 190.1, 0)	0.067 8	0.079 2
铁路	(0, 0, 0, 0, 0, 0, 0)	0.000 0	0
焦化厂	(0, 315.73, 570.21, 0, 0.03, 0, 0)	0.057 4	0.071 2
配煤厂	(0, 0, 0, 0, 0, 0, 0)	0.000 0	0
第 3 阶段	(0, 315.73, 570.21, 0, 0.03, 0, 0)	0.057 4	0.071 2
铁厂	(98.7, 879.5, 1806, 0, 2520, 0, 0)	0.283 8	0.155 2
化肥厂	(102.3, 997.6, 1463.1, 0, 0, 0, 0)	0.156 1	0.125 9
电石厂	(67.8, 578.6, 986.3, 0, 1602, 0, 0)	0.173 3	0.131 9
古交电厂	(1642.16, 2298.522, 0, 11.87, 3.48, 0, 0)	0.248 6	0.150 3
第 4 阶段	(1910.96, 4754.222, 4255.4, 11.87, 4125.48, 0, 0)	0.689 6	0.563 4
PVC 厂	(132.1, 342.6, 423.5, 0, 322.1, 0, 0)	0.056 9	0.070 8
电石渣水泥厂	(66.2, 89.7, 94.3, 0, 147.9, 0, 0)	0.018 3	0.031 8
氧化铝厂	(56.2, 13.4, 68.7, 0, 153.2, 0, 0)	0.015 6	0.028 2
陶粒厂	(34.2, 23.1, 46.7, 0, 137.6, 0, 0)	0.013 3	0.024 9
煤矸石制砖厂	(76.5, 136.7, 147.8, 0, 199.6, 0, 0)	0.025 8	0.041 0
第 5 阶段	(365.2, 605.5, 781, 0, 960.4, 0, 0)	0.125 5	0.196 8
硅钙渣水泥厂	(89.3, 137.5, 286.2, 0, 98.7, 0, 0)	0.030 3	0.046
第 6 阶段	(89.3, 137.5, 286.2, 0, 98.7, 0, 0)	0.030 3	0.046
总体量和	(2 328.35, 7 179.51, 6 127.51, 141.87, 6 253.3, 669.85, 6 236.17)		1.051 6

由表 5-4 可知，古交循环经济园区环境熵 $E_{增}$ =1.051 6。

2. 环境减熵

首先，各层各节点被利用的废弃物用向量表示出来；其次，计算各层次各节点的被下游节点利用的废弃物在整个循环经济体系中所占的比例；最后，计算各层次各节点的环境增熵，由于 $p(i, j)$ 在 $1/e = 0.3679$ 两侧环境熵的公式不同，所以首先要比较 $p(i, j)$ 和 $1/e$ 的大小关系，再进行计算。均以 10 为底进行计算，由于 $lg0$ 没有意义，在这里规定 $lg0=0$。计算结果如表 5-5 所示。

表 5-5　古交循环经济园区减少环境熵计算

节　　点	利用废弃物向量	$p_{减}$	$E_{减}$
古交煤矿	（0，0，0，0，0，0，376.97）	0.061 7	0.074 7
第 1 阶段	（0，0，0，0，0，0，376.97）	0.061 7	0.07 47
氧化供热	（0，0，0，0，0，0，0）	0	0
压缩站	（0，0，0，0，0，0，0）	0	0
瓦斯电厂	（0，0，0，0，0，0，0）	0	0
选煤厂	（0，0，0，0，0，30，5256.2）	0.861	0.423 8
第 2 阶段	（0，0，0，0，0，30，5256.2）	0.861	0.423 8
铁路	（0，0，0，0，0，0，0）	0	0
焦化厂	（0，0，0，0，0，0，2.8）	0.000 5	0.001 5
配煤厂	（0，0，0，0，0，0，0）	0	0
第 3 阶段	（0，0，0，0，0，0，0）	0.0005	0.001 5
铁厂	（0，0，0，0，0，0，0）	0	0
化肥厂	（0，0，0，0，0，0，28.6）	0.004 7	0.010 9
电石厂	（0，0，0，0，534，0，32.5）	0.087 6	0.092 7
古交电厂	（0，0，0，130，6.2，0，75.37）	0.024 6	0.039 6
第 4 阶段	（0，0，0，130，540.2，0，136.47）	0.116 9	0.143 2
PVC 厂	（0，0，0，0，0，0，63.2）	0.010 4	0.020 6
电石渣水泥厂	（0，0，0，0，0，0，53.1）	0.008 7	0.017 9
氧化铝厂	（0，0，0，0，0，0，32.4）	0.005 3	0.012 1

节 点	利用废弃物向量	$P_减$	$E_减$
陶粒厂	（0，0，0，0，0，0，23.9）	0.003 9	0.009 4
煤矸石制砖厂	（0，0，0，0，0，0，56.7）	0.009 3	0.018 9
第 5 阶段	（0，0，0，0，0，0，229.3）	0.037 6	0.078 9
硅钙渣水泥厂	（0，0，0，0，0，0，77.3）	0.012 7	0.024
第 6 阶段	（0，0，0，0，0，0，77.3）	0.012 7	0.024
$\sum_{i=1}^{m}\sum_{j=1}^{i_j} s_{增}^q(i,j)$	（0，0，0，130，540.2，30，6 079.04）		0.746 1

由表 5-5 可知，古交循环经济园区减少对环境熵 $E_减$ =0.746 1。

第五节　同煤集团塔山循环经济园区
复杂性分析

同煤集团是国家规划的 13 个煤炭大基地和亿吨大集团之一，地跨晋、蒙 2 省（区）7 市，总资产 798 亿元。公司现有子公司、分公司和二级单位 136 个，101 对矿井。是一个以煤炭、电力、煤化工、煤机制造、冶金 5 大产业为主导，工程建设、建材和旅游等多业并举的新型综合能源集团。

一、同煤集团塔山循环经济园区产业链网

塔山循环经济园区以塔山煤矿为龙头，配套建设塔山洗煤厂，实现煤的清洁生产；洗煤厂生产的精煤通过铁路专用线外运，筛分煤喂给坑口电厂，洗中煤供资源综合利用电厂发电以及煤化工厂生产甲醇，分选出来的煤矸石送到煤矸石砖厂；坑口电厂排泄出的粉煤灰，喂给水泥厂作为原料；采出的高岭岩作为高岭土加工厂的原料。各个企业

首尾相接，上一个企业产生的废弃物是下一个企业的原料。

塔山工业园区以塔山煤矿为龙头企业，建设了塔山选煤厂、高岭岩深加工厂、综合利用电厂、坑口电厂、水泥厂、砌体材料厂、甲醇厂和铁路专用线，体现了循环经济"3R"发展模式和"原料—产品—废弃物—再生资源"的生产路径。形成了"煤—电—材"和"煤—化—工"两条循环经济产业链，做到了多业并举，实现了煤炭资源利用的低消耗、低排放、高效率。

1. 塔山煤矿

塔山煤矿是塔山循环经济园区的龙头项目，设计年产量 1 500 万吨。井田面积 170.8 平方公里，地质储量 50.7 亿吨，可采储量 30 亿吨，煤质为特低硫、特低磷、中高发热量的优质动力煤，洗选后精煤发热量可达 5 800 大卡。

2. 塔山选煤厂

塔山选煤厂是塔山循环经济园区的重要配套项目。占地 340 亩，年入选量 1 500 万吨，2008 年 12 月通过投产验收。塔山选煤厂主要产品是精煤和中煤。原煤全部入洗，洗选后精煤产率为 55%，中煤产率为 10%。其中，精煤灰分为 21%，中煤灰分为 42%，两种产品硫分均小于 0.5%，产品质量指标可以根据市场需求的变化进行调整。

3. 发电项目

（1）塔山坑口电厂

塔山 2×60 万千瓦坑口电厂是"煤—电—材"产业链中的枢纽工程，是同煤集团走新型道路的煤电联营坑口示范性电站，于 2006 年 11 月开工建设。原料煤为塔山矿 25 mm 以下筛分煤，年消耗量 320 万吨。电厂产生的粉煤灰和炉渣喂给园区配套建设的日产 4 500 吨新型干法水泥熟料生产线，实现了粉煤灰和炉渣的资源化再利用。

（2）资源综合利用电厂

4×5 万千瓦资源综合利用电厂是同煤集团以资源综合利用为主、兼顾热电联产、集中供热、改善环境的第一个电厂。该电厂每年消耗塔山矿低热值劣质中煤 120 万吨，发电 11 亿度，替代了原有的 80 余座小锅炉房和 240 多台燃煤中小锅炉，每年节约标煤 70 万吨，日节约水 1.2 万吨，SO_2 和烟尘排放量分别减少 4 000 吨和 694 0 吨。粉煤灰和炉渣工业废料进入园区日产 4 500 万吨新型干法水泥熟料生产线，实现了能耗和污染的最小化和经济效益、社会效益的最大化。

4. 化工项目—— 甲醇厂

同煤广发化学工业有限公司年产 120 万吨甲醇项目是塔山循环经济园区"煤—化工"产业链中的重要环节。项目主产品为 60 万吨精甲醇，副产品为少量固体硫黄。本项目原料煤采用大同侏罗纪煤，年消耗 79.06 万吨，燃料煤共需 71 万吨，部分采用塔山矿洗中煤，剩余部分来自其他矿井。生产过程中产生的粉煤灰和炉渣进入园区配套建设的日产 4 500 吨新型干法水泥熟料生产线。

5. 建材项目

（1）煤矸石烧结砖厂。

煤矸石烧结砖厂于 2009 年 6 月建成，设计能力为年产 2.4 亿块煤矸石烧结砖（每年可消化煤矸石 80 万吨）。企业装备了国内先进成熟的工艺生产线，采用粗破碎、细破碎、分筛、陈化、搅拌、成型、干燥、烧结等先进工艺流程。主要产品为 GB13544—2003 烧结多孔砖，GB13545—2003 空心砖、空心砌块，抗压强度不低于 10 兆帕，其等级均达国家标准。

（2）高岭土深加工厂。

高岭土深加工厂利用同煤塔山煤矿煤系伴生的高岭岩生产优质超细煅烧高岭土。设计能力为年产 5 万吨超细煅烧高岭土，产品分别为 6 250 目和 4 000 目高岭土煅烧粉。每年可消化塔山矿排放的高岭石 8 万吨以上。

（3）新型干法水泥厂。

日产 4 500 吨新型干法水泥熟料生产线作为塔山循环经济园区"煤—电—建材"产业链的重要组成部分，担负着消化吸纳塔山园区上游产业产生的粉煤灰、炉渣、石膏等工业废料的重任。2009 年底投产运行，原料为电厂产生的粉煤灰及炉渣。每年消化粉煤灰、炉渣、脱硫石膏等工业废渣 53 万吨，生产优质、低碱、高标号水泥 240 万吨。该项目还充分利用生产过程中产生的余热，同步配套纯低温余热发电系统，设计容量为 9MW，可解决本生产线 30%左右的用电量。于 2009 年 12 月 28 日点火运转。

6. 铁路专用线

被誉为"塔山第一路"的塔山铁路专用线，是同煤集团第一条技术标准高、设备先进的电气化铁路专用线，自北同蒲线韩家岭站接轨，终点至塔山站，建设里程 20 公里，铺轨 48.6 公里，设计年运量 6 500 万吨，主要承担塔山煤矿、同忻煤矿的煤炭及塔山循环经济园区相关企业的产品运输。塔山循环经济园区最优质的煤炭资源就从这里驶出，输送到全国，走向世界。

同煤集团塔山循环经济园区产业链结构如图 5-6 所示。

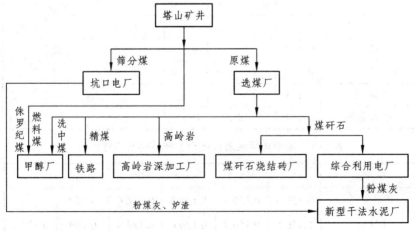

图 5-6 塔山循环经济园区产业链结构

二、塔山循环经济园区产业链结构复杂性分析

对循环经济产业链图 5-6 运用上述循环经济系统产业链结构复杂性评价模型进行计算，其产业链结构特征及复杂性计算表如表 5-6、表 5-7 所示。

表 5-6　塔山循环经济园区产业链结构特征

| 节　点 | x_{1i} | x_1 | x_{2i} | x_2 | x_{3i} | x_3 | 关系数 | | | | | x_{4i} | x_4 | x_{5i} | x_5 |
							1	2	3	4	5				
塔山矿井							3	6	0	0	0				
M1 层		1		3		3							9		7
坑口电厂	2		1		2		1	0	1	0	2	4		1	
洗煤厂	2		5		6		5	1	1	0	2	9		5	
M2 层		1		6		8							13		6
甲醇厂	3		0		1		0	0	2	1	4	7		2	
铁路	3		0		1		0	0	1	1	4	6		1	
高岭岩深加工厂	3		0		1		0	0	1	1	4	6		1	
煤矸石烧结砖厂	3		0		1		0	0	1	1	4	6		1	
综合利用电厂	3		1		2							4	7		
M3 层		1		1		6							32		6
新型干法水泥厂	4		0		2		0	0	2	3	0	5		2	
M4 层		1		0		2							5		2
总体量和		4		10		19							59		21

表 5-7　塔山循环经济园区产业链结构复杂性评价

节　点	$h(x_{1i})$	$h(x_{2i})$	$h(x_{3i})$	$h(x_{4i})$	$h(x_{5i})$	
塔山矿井	0.150 5	0.156 9	0.126 6	0.124 6	0.159	
M1 层	0.150 5	0.156 9	0.126 6	0.124 6	0.159	0.322 6

节 点	$h(x_{1i})$	$h(x_{2i})$	$h(x_{3i})$	$h(x_{4i})$	$h(x_{5i})$	
坑口电厂	0.150 5	0.1	0.102 9	0.079 2	0.063	
洗煤厂	0.150 5	0.150 5	0.158 1	0.124 6	0.148 4	
M2 层	0.301	0.250 5	0.261	0.203 8	0.211 4	0.554 7
甲醇厂	0.150 5	0	0.067 3	0.109 8	0.097 3	
铁路	0.150 5	0	0.067 3	0.101	0.063	
高岭岩深加工厂	0.150 5	0	0.067 3	0.101	0.063	
煤矸石烧结砖厂	0.150 5	0	0.067 3	0.101	0.063	
综合利用电厂	0.150 5	0.1	0.102 9	0.109 8	0.063	
M3 层	0.752 6	0.1	0.372 1	0.522 5	0.349 1	1.053 4
新型干法水泥厂	0.150 5	0	0102 9	0.090 8	0.097 3	
M4 层	0.150 5	0	0.102 9	0.090 8	0.097 3	0.225 7
总体量和	1.354 6	0.350 5	0.862 6	0.941 7	0.816 8	2.063

由表 5-7 可知，同煤集团塔山循环经济园区总的复杂性信息量为 2.063。

三、塔山循环经济园区环境熵分析

对循环经济产业链图运用上述循环经济系统环境熵评价模型进行计算，其废弃物排放利用情况如表 5-8 所示。

表 5-8 塔山循环经济园区废弃物排放利用

节点	烟尘	二氧化硫	粉尘	粉煤灰		炉渣及其他		煤矸石		工业废水	
				产生	利用	产生	利用	产生	利用	产生	利用
塔山矿井	55.6	432.1	0	0	0	3.1	0	196.8	0	321.7	277.9
第 1 阶段	55.6	432.1	0	0	0	3.1	0	196.8	0	321.7	277.9

节点	烟尘	二氧化硫	粉尘	粉煤灰		炉渣及其他		煤矸石		工业废水	
				产生	利用	产生	利用	产生	利用	产生	利用
坑口电厂	997.2	1 275.3	2.6	78.3	42.7	18.4	10.3	0	0	54.7	54.7
洗煤厂	127.3	369.4	227.9	0	0	372.4	0	197.3	47	4 473.6	4 473.6
第2阶段	1 124.5	1 644.7	230.5	78.3	42.7	390.8	10.3	197.3	47	4 528.3	4 528.3
甲醇厂	44.3	476.2	796.4	0	0	1 896.3	432.1	0	0	29.8	29.8
铁路	0	0	0	0	0	0	0	0	0	0	0
高岭岩深加工厂	47.6	32.1	57.7	0	0	157.6	0	0	0	27.9	27.9
煤矸石烧结砖厂	57.9	114.7	124.3	0	0	176.5	0	0	0	47.9	47.9
综合利用电厂	1 324.7	1 547.3	4.7	98.6	53	23.4	15.7	0	0	74.3	74.3
第3阶段	1 474.5	2 170.3	983.1	98.6	53	2 253.8	447.8	0	0	179.9	179.9
新型干法水泥厂	76.4	116.7	254.7	0	0	86.3	0	0	0	65.3	65.3
第4阶段	76.4	116.7	254.7	0	0	86.3	0	0	0	65.3	65.3
总体量和	2731	4 363.8	1 468.3	176.9	95.7	2 734.0	458.1	394.1	47.0	5 095.2	5 051.4

1. 环境增熵

首先对各层各节点的排放到自然界的废弃物用向量表示出来。其次，计算各层次各节点的排放到自然界中的废弃物在整个循环经济体系中所占的比例。最后，计算各层次各节点的环境增熵，由于 $p(i, j)$ 在 $1/e = 0.367\,9$ 两侧环境熵的公式不同，所以首先要比较 $p(i, j)$ 和 $1/e$ 的大小关系，再进行计算。均以 10 为底进行计算，由于 lg0 没有意义，在这里规定 lg0=0。计算结果如表 5-9 所示。

表 5-9　塔山循环经济园区环境熵计算

节点	增熵状态 $s_{增}(i, j)$	$P_{增}$	$E_{增}$
塔山矿井	（55.6，432.1，0，0，3.1，196.8，43.8）	0.082 4	0.089 3
第 1 阶段	（55.6，432.1，0，0，3.1，196.8，43.8）	0.082 4	0.089 3
坑口电厂	（997.2，1275.3，2.6，35.6，8.1，0，0）	0.277 8	0.154 5
洗煤厂	（127.3，369.4，227.9，0，372.4，150.3，0）	0.103 8	0.102 1
第 2 阶段	（1 124.5，1 644.7，230.5，35.6，380.5，150.3，0）	0.381 6	0.256 5
甲醇厂	（44.3，476.2，796.4，0，1464.2，0，0）	0.297 5	0.156 6
铁路	（0，0，0，0，0，0，0）	0.000 0	0.000 0
高岭岩深加工厂	（47.6，32.1，57.7，0，157.6，0，0）	0.030 4	0.046 2
煤矸石烧结砖厂	（57.9，114.7，124.3，0，176.5，0，0）	0.043 1	0.058 9
综合利用电厂	（1 324.7，1 547.3，4.7，45.6，7.7，0，0）	0.349 5	0.159 6
第 3 阶段	（1 474.5，2 170.3，983.1，45.6，1 806，0，0）	0.720 6	0.421 2
新型干法水泥厂	（76.4，116.7，254.7，0，86.3，0，65.3）	0.053 2	0.067 8
第 4 阶段	（76.4，116.7，254.7，0，86.3，0，65.3）	0.053 2	0.067 8
总体量和	（2 731，4 363.8，1 468.3，81.2，2 275.9，347.1，109.1）		0.834 9

由表 5-9 可知，塔山循环经济园区环境熵 $E_{增}$ =0.834 9。

2. 环境减熵

　　首先，各层各节点被利用的废弃物用向量表示出来；其次，计算各层次各节点的被下游节点利用的废弃物在整个循环经济体系中所占的比例；最后，计算各层次各节点的环境减熵，由于 $p(i, j)$ 在 $1/e = 0.367\ 9$ 两侧环境熵的公式不同，所以首先要比较 $p(i, j)$ 和 $1/e$ 的大小关系，再进行计算。均以 10 为底进行计算，由于 lg0 没有意义，在这里规定 lg0=0。计算结果如图表 5-10 所示。

表 5-10 塔山循环经济园区减少环境熵计算

节点	利用废弃物向量	$P_{减}$	$E_{减}$
塔山矿井	（0，0，0，0，0，0，277.9）	0.055 2	0.069 4
第1阶段	（0，0，0，0，0，0，277.9）	0.055 2	0.069 4
坑口电厂	（0，0，0，42.7，10.3，0，54.7）	0.013 9	0.025 8
洗煤厂	（0，0，0，0，0，47，4 473.6）	0.888 9	0.413 3
第2阶段	（0，0，0，42.7，10.3，47，4 528.3）	0.894 8	0.439 1
甲醇厂	（0，0，0，0，432.1，0，29.8）	0.086 1	0.091 7
铁路	（0，0，0，0，0，0，0）	0	0
高岭岩深加工厂	（0，0，0，0，0，0，27.9）	0.005 5	0.012 4
煤矸石烧结砖厂	（0，0，0，0，0，0，2.8）	0.000 6	0.001 9
综合利用电厂	（0，0，0，53，15.7，0，74.3）	0.018 4	0.031 9
第3阶段	（0，0，0，485.1，15.7，0，134.8）	0.110 6	0.137 9
新型干法水泥厂	（0，0，0，0，0，0，65.3）	0.013	0.024 5
第4阶段	（0，0，0，0，0，0，65.3）	0.013	0.024 5
总体量和	（0，0，0，95.7，505.1，47，5 006.3）		0.670 9

由表 5-10 可知，古交循环经济园区环境熵 $E_{减}$ =0.670 9。

第六节 结果分析

一、产业链结构复杂性结果分析

根据上述计算结果，比较古交循环经济园区和塔山循环经济园区产业链结果复杂性（见表 5-11、表 5-12），并根据各产业链结构各层结果针对每个园区进行分析。

（1）由评价结果可知两个园区的产业链结构复杂性评价值古交大于塔山，这与两者规模有关，塔山园区为"一矿八厂一条路"，产业链节点少，且节点之间的相互作用的强度较大，结构复杂性相对较低。

表 5-11　古交循环经济园区和塔山循环经济产业链结构复杂性评价 1

指标 园区	群落等级	代谢跨度	节点度数	关系数	节点连通度	结构复杂性
古交	2.464 1	0.789 3	1.323 8	1.368 3	1.023 4	3.100 7
塔山	1.354 6	0.350 5	0.862 6	0.941 7	0.816 8	2.063

表 5-12　古交循环经济园区和塔山循环经济产业链结构复杂性评价 2

指标 园区	第一层	第二层	第三层	第四层	第五层	第六层
古交	0.282 1	0.704 8	0.713 2	0.871 9	0.684 2	0.140 5
塔山	0.322 6	0.554 7	1.053 4	0.225 7		

（2）从古交园区产业链结构复杂性的计算结果可以看出，复杂性从大到小依此是第四层＞第三层＞第二层＞第五层＞第一层＞第六层，处于中间层的第四层不仅包含节点个数较多，且连接关系较复杂，尤其是古交电厂代谢跨度和节点度数较大，这就增加了其总体的复杂性。

（3）塔山园区中，第三层复杂性值最大，第四层最小，新型干法水泥厂处于产业链节点的最低端，与其他节点关系简单，故其复杂性最小。

（4）群落等级对循环经济产业链结构复杂性贡献最大，代谢跨度、节点度数和关系数对产业链结构复杂性贡献比较明显，而节点连通度对产业链结构复杂性贡献较小。因此，设计循环经济系统产业链时可以通过总结经验教训或借鉴先进的模式，应用于产业链的改进，使产业链的结构更加优化。

二、环境熵结果分析

（1）由计算结果（表 5-13）知，古交循环经济园区的环境增熵大于塔山，其环境减熵也大于塔山，这是由于西山循环经济园区为多矿集约式循环经济模式，产业链节点较多、较复杂，而塔山循环经济园区为单矿、节点较少，产业链相对较短。

表 5-13　古交循环经济园区和塔山循环经济园区环境熵评价

指标 园区	$E_{增}$	$E_{减}$	$E_{增} / （E_{增} + E_{减}）$	$E_{减} / （E_{增} + E_{减}）$
古交	1.051 6	0.746 1	0.584 97	0.415
塔山	0.834 9	0.670 9	0.554 5	0.445 5

（2）古交循环经济园区的环境减熵为 0.746 1，占总的复杂性产生的 41.5%，塔山环境减熵为 0.670 9，占总的复杂性产生的 44.6%，这说明塔山循环经济园区废弃物综合利用程度高于古交。这主要是由于塔山循环经济产业链比较简单，它是从开始设计的时候就规划好了循环经济园区，各节点产量比较吻合。而古交循环经济园区不是事先设计好开始运行的，而是首先有了古交五座矿井，由于废弃物得不到利用造成环境污染后才开始建立的下游产业链节点，因而，各个节点的产能衔接的不好，造成了废弃物没有得到充分利用。

（3）古交循环经济园区中，造成环境增熵最大的是第四阶段，最小的是第六阶段，因此综合利用铁厂、化肥厂、电石厂和古交电厂的各种废弃物成为其减少环境增熵的重要途径。

（4）塔山循环经济园区中，第二阶段的环境增熵最大，占总园区环境熵的 65.4%，第四阶段的最小，仅占 3.7%，故实现塔山循环经济园区洗煤厂废弃物的综合利用是其减少环境熵的根本出发点。

（5）由表中环境减 $E_{减}$ 熵可知，实施循环经济，综合利用各种资源、减少废弃物的排放，可以减少对环境造成的混乱程度，所以实施循环经济有利于环境的保护。但是由环境增熵 $E_{增}$ 可知，实施循环经济并没有做到资源的"吃干榨尽"，对环境的"零排放"。所以，要加大技术投入，通过采取先进的技术手段和合理的规划措施，减少由于废弃物的排放对环境造成的混乱。

第六章　西山煤电循环经济复杂系统效果评价

西山煤电古交循环经济复杂系统以煤炭为主的能源开发、综合利用、生态环境建设等各个复杂子系统，合理延伸和优化"煤—电—材"、"煤—焦—化"和"煤—伴生资源"产业链系统，做到废弃物资源化，保护矿区生态环境；促进经济效益、社会效益和生态效益的统一。

总结典型西山煤电集团循环经济经济的发展模式，并分析其复杂系统的社会效益、经济效益、生态效益进行评价。

第一节　西山循环经济复杂系统的模式

经过三十年的建设，如今西山循环经济已经形成的循环经济发展模式，是具有三大产业链、三维立体空间、三个结合和"八全六大"特色的煤矿循环经济园区示范工程。

一、三大产业链

西山循环经济形成了三大产业链:"煤—焦—化、煤—电—材、煤—伴生资源(煤成气、铁、铝)三大产业链。地下采煤注重的是回采率,煤到了地面,注重的是回收率、资源的利用率。为提高煤炭资源的利用率,西山煤电集团提出发展"煤炭—电力—建材"和"煤炭—焦炭—化工"两条循环经济产业链。西山煤电集团发展循环经济的新实践被国家发改委称为"西山模式"。近年来,随着煤层伴生资源煤层气—— 瓦斯的开发利用,瓦斯发电循环经济系统在全矿区的形成,又形成了一条"煤—伴生资源(气)—电力"的产业链。所以现已经形成"煤—焦—化""煤—电—材""煤—伴生资源(煤层气)—电力"三大产业链。

二、三维立体空间

西山循环经济涉及三维立体空间:地下、地面、空间合三位一体全方位循环经济体系。地下的循环经济主要是 "绿色开采"方面的在矿井煤炭产品的生产过程中的开采方法中煤炭的精采细采,采干采净,注重的是回采率和地层保护的"三下"开采的循环经济体系;地面的"煤—电—建材""煤—焦—化""煤—伴生资源"三大产业链循环经济体系;空中的循环经济体系是指气体如煤层气和焦炉气等气体的综合利用,减少与治理如 CO、CO_2、SO_2、CH_4、粉尘等有害气体排放的一系列环境保护系统的综合集成。

三、三个结合

西山循环经济实现了三大结合:首—末端结合全过程治理,点—线—面新老矿区结合全系统延拓,大—中—微循环结合全面循环经济体系。

西山循环经济体系,实现首—末端结合全过程治理。其中首是指新矿区的开发建设,从初步设计的阶段开始,体现循环经济的结构,设计循环经济的产业群落，科学规划，合理布局。形成一个原生的循环经济体系；在兴县的和五麟的矿区建设开发过程中，采取了煤矿循环经济工业园区的建设模式。末是指由于西山矿区开发的历史远久，形成了老矿区，如前山矿区，其中老矿已经处于残采和关闭的阶段；而长期的传统的开发模式，遗留了许多生态环境治理和循环经济体系"补牢"问题；对这样的矿区进行强化和补充建设循环经济产业链体系，环境治理与循环经济结合，扩大原循环经济产业能力，新增循环经济产业，完善与闭合产业链。如前山区的煤矸石电厂的能力的扩大，瓦斯电站的建设，污水处理厂的兴建，矸石山治理、土地的绿化与复垦等。

点—线—面新老矿区结合全系统延拓。各矿为点，联合矿为线，联合园区为面，西山循环经济古交园区正是以五矿个为点，运输通道（公路、铁路和巷道）为线，连接各个循环经济产业群落形成了一个中循环面，再扩展到前山园区、兴县园区、五麟园区形成了全矿去循环经济面。

矿域微循环—局域中循环—区域大循环的全面循环经济体系。各矿为点，形成微观循环经济体系；联合矿为局域中观循环经济体系，西山循环经济古交园区正是以五矿个为点，运输通道（公路、铁路和巷道）为线，连接各个循环经济产业群落形成中观循环经济体系；

从西山煤电集团的社会角度看，西山循环经济园区的产业集群，形成煤炭产业价值链，将煤炭产业价值链延伸至技术含量高、经济效益好、产业关联度强、产能匹配、互为依存的"煤、电、冶、化"产业上来，构建以煤炭产业为核心，以电力产业、化工产业、建材建筑业、煤伴生资源利用业为支持的产业框架；形成以煤炭开采、洗选加工、煤焦化、煤泥矸石发电、甲醇的电化多联产系统。形成煤炭产业价值链延伸的大型规模、跨行业的多联产工业园区，将能源、环境保护、经济效益紧密结合成一个整体，创造好的经济效益、社会效益和环境效益。同时，产业的互补，减少了循环经济不同级上的产业生态群落营养消费过程中资源浪费和污染，实现工业代谢消费过程中和消费过程后物质和能量的循环。

在西山矿区的社会层面上：第一，使用清洁能源。① 调整能源消费结构。城镇应树立使用清洁能源的意识和理念，发展和使用二次能源和可再生能源，改变能源消费结构。推广应用热电联产和集中供热，并形成优质能源优先供应商业和民用的能源供应机制，减少环境污染。②改变矿产品消费结构。大力推广矿产资源洗选加工技术，将大量的原矿直接利用转变为利用洗矿、型矿等，以提高消费过程中的能源效率，减少环境污染。第二，清洁贮运。对煤炭产品来讲，①建立封闭贮煤仓，减少露天煤炭堆放量，减少贮煤区的环境污染；②建立封闭运煤系统，减少煤炭运输沿线的环境污染。除此之外，应积极配合所在地区或城市的市政基础建设，对传统工业设施进行改造，把矿区融入到区域生态管理与建设之中；形成了从而实现在区域社会层面上资源利用的大循环。

四、"八"全

（一）全园区产业链结构优化、系统闭合

西山循环经济工业园区生产形成自然生态系统的封闭体系，其中的一个单元生产的"废弃物"变为另一个单元的"原料"或投入物。形成一个互相依存、互相作用，自然生态"食物链"的工业生态系统。这个生态系统环境承载力、物质、能量和信息高效组合利用以及工业生态系统稳定协调发展的新型工业组合和发展的形态，三条产业链"煤—焦—化工""煤—电—建材""煤—伴生资源"均实现了闭合。

（二）全产业技术高新、创新先进

循环经济园区建设立足于技术高起点的基本原则，在煤、电、化工、冶金和建材项目建设中，采用先进技术、先进设备和先进工艺，各产业链节点的先进技术综合集成，形成了强大的古交循环经济园区集成创新技术体系，主要有：

1. 高效年产千万吨级矿井大采高综采工作面及成套设备开采技术

以兴县循环经济工业园的龙头产业斜沟煤矿——我国目前最大的最终生产能力达 3 000 万吨/年的井工矿井开采技术为核心，研创实施的高产高效年产千万吨级矿井大采高综采工作面及成套设备开采技术。

该矿装备我国第一个自行研制的国产千万吨级矿井大采高综采工作面成套设备，包括采煤机 MG1000/2500-WD、ZY12000/28/64D 液压支架、SGZ1250/2×1200 刮板输送机、SZZ1350/525 转载机、PCM-400 型锤式破碎机、K35055M-E315B 乳化液泵站、喷雾泵 160KW、皮带运输机 3500KW。

该技术创工作面最高日产 24777（2011 年 2 月 22 日）吨记录，效率达到 506.1t/工。

同进口设备相比较，每套设备可节省 10 亿元，推动了我国采掘机械制造工业的技术创新与进步。

2. 稀缺优质煤炭精细化开采技术

以古交矿区稀缺优质煤炭精细化开采综合技术为代表的创新体系，该体系集薄煤层开采的刨煤机、螺旋采煤机、钻煤机、无人工作面开采和中厚煤层轻型支架放顶煤采煤机开采、复合铝土泥岩条件下中厚煤层开采等先进设备和绿色开采清洁生产的煤柱回收、"三下"开采、沿空留巷 Y 型通风、厚煤层错层位巷道布置无煤柱开采、边角煤开采、不规则煤柱及块段高效开采、煤矿残采区遗弃资源回采等技术集成创新。

该技术创新体系创造了我国采煤回采率 90%的新纪录，打破了薄煤层开采的 0.7 m 技术极限，累计共多回采优质煤炭 5 600 万吨，产生巨大的技术、经济、环境和社会效益；创造了领先世界的薄煤层开采技术，推动了我国的采矿技术的发展与进步，为我国稀缺优质煤炭精细化开采提供了工程与技术示范。

3. 精洗细选选煤技术

"西山矿区多煤种不同可选性烟煤的高效分选工艺研究"，在国内率先应用"无压三产品重介旋流选煤技术""快开式隔膜式压滤机"等先进技术，并针对西山煤种的特点，开发了以"表面改质机+微泡浮选机为核心的浮选工艺""酸性高泥化煤泥水处理""焦精煤快速装车取样系统""高灰高硫高差异性原煤的选煤工艺"及煤泥浮选技术、浮精脱水技术、粗煤泥分选技术、动筛排矸技术、粗煤泥回收技术等一系列技术，使集团公司选煤技术水平居于全国领先的地位。

洗选设备精良，工艺先进。选煤工艺采用"无压重介三产品旋流洗选"，重介洗选率由 48% 提高到 95%，洗选效率提高 10% 以上，精煤产率提高 5%~10%，相当于一个年产 500 万吨的矿井，取得良好经济效益和社会效益。

4."吃干榨尽"的循环经济先进技术

综合利用电厂清洁生产技术、洁型焦炉余热发电技术、焦化技术、瓦斯抽放和抽采技术、低浓度瓦斯发热与发电技术等。

古交发电厂采用目前国内最先进的 500 KV 超高压 GIS 组合电气开关技术，节约了大片土地。电厂在 463 亩土地上建起了 2×30 万千瓦的发电机组，而传统的同等规模发电厂需占地 1 000 亩。

曾经建设成首个全国最大的煤电联营燃洗中煤坑口电厂；全国首次冷却循环水全部采用城市污水再生水；其化学水处理系统在全国首次使用"反渗透+EDI"技术；首次使用气力出灰 900M 系统；在全国首家使用半干法脱硫技术设施。这些都是历史上最先进的创新技术。

循环经济产业群落的高新技术的高度集成创新，为园区产业生态群落的企业良好运行和产生巨大的社会经济及环保生态效益提供了可靠的技术支撑。

（三）全矿区精采精洗、吃干榨尽

"精采细采，吃干榨净"的"绿色开采"是西山模式的特点之一。

西山煤电集团资源总储量为 156.1 亿吨，赋存大量煤质优秀的薄煤层，按照年产煤 8 000 万吨的生产规模计算，煤炭可采 100 多年。通常 0.7 m 到 1 m 的薄煤层，都弃采了。实施精细化开采，西山煤电集团投入 1 亿多元，从德国引进了世界最先进的无人自动化薄煤层刨煤机，最高日产可达 6 000 吨，使过去弃采的、厚度为 1 m 左右的薄煤层得以开发利用，一年的效益上亿元；从乌克兰引进了两台采煤机，使厚度在 0.7 m~0.9 m 的薄煤层得以开采利用，实现精采细采，在"吃干"地下煤。西山煤田总面积 1 237.12 平方公里，资源总量 156.1 亿吨，其中厚度在 1 米左右的薄煤层占 30%，仅此一项，可为西山煤电扩展了 30% 的资源量；如在全国推广，薄煤层资源量扩展巨大，意义重大。

同时针对大型机械无法开采边角煤的问题，集团公司组织了残采队，每年回收 120 万吨原煤，相当于新建了一个大型矿井。按每吨原煤 240 元计算，西山煤电集团仅采边角煤就"捡回"2.9 亿元。目前，西山煤电集团的工作面回采率达到 95% 以上，采区回采率达 85% 以上，处于全国先进水平；矿井回采率超过 50%，高出全国平均水平 30%。

同时，全矿区对老选煤厂进行全面技术改造，使新、老选煤厂都采用最先进的、适合西山煤质条件的无压三产品重介旋流器选煤生产工艺，主要设备如旋流器、磁选机、加压过滤机、动筛跳汰机、浮选机和集中控制系统。提高了精煤的洗选率 8% 至 10%，每年可多产精煤 300 万吨，相当于建设了一个大型矿井，创造了极大的社会和经济效益。这一技术的采用，不仅使洗选效率提高了 5% 以上，精煤回收率提高了 5% 以上，一年便收回全部投资，更重要的是，从过去抛弃的矸石中，每年至少可以回收 100 万吨的精煤，相当于新建了一个大型选煤厂。

（四）全生产过程清洁生产、节能减排

中国是联合国气候变化框架公约的签约国，发展洁净煤技术，控制温室气体的排放，保护大气层是中国政府履行国际公约应该承担的义务，也是作为一个大型企业应该承担的义不容辞的社会责任，更是企业

实现清洁高效可持续发展的必然选择。西山煤电集团秉承这一理念，在产能规模快速扩张的同时，全面推进绿色经济、低碳经济、循环经济发展，节约利用能源，保护生态环境，积极探索煤炭资源综合利用和高效清洁生产的多种有效途径，形成了以煤炭资源高效开采，清洁加工，深加工转换，废弃物综合利用，污染物减排为节点的清洁煤炭发展链条，构建以低耗能、低污染、低排放为特征的低碳经济发展模式。

西山煤电这种煤炭清洁和绿色开采的"西山模式"，提高了资源利用效率。西山煤电焦炉采用清洁型焦炉气余热发电技术，利用焦炉气余热发电，减少气体排放。瓦斯抽放，利用低浓度瓦斯发电项目规模达 72 兆瓦。矿井瓦斯集中抽放系统抽出的瓦斯将全部得到利用；风排瓦斯利用项目全面推广，可实现煤矿瓦斯零排放。矿井瓦斯开发利用已获"CDM 项目"，在联合国执行理事会审查注册，并得到了资助。煤层气地面抽采工程投资 18.88 亿元，建设 600 口抽采井和煤层气管网，输气管线管径 φ426mm，铺设长度 50km，供太原民用，工业燃气或进入天然气管网外输；最大日输气量 3×10^6 万 Nm^3，全年 10^9 Nm^3。

配合各微观生产过程和工艺的减排技术措施，西山煤电这种循环经济、节能减排的清洁生产模式，对减缓和抑制全球气候变暖，做出了重要贡献。

（五）全循环体系物料喂给平衡、能量守恒，废弃物全面利用

整个循环经济体系的各个产业不同级的生态群落的营养物料的代谢喂给，按喂给量设定生产能力，实现科学的能量、热量与物撩平衡。如古交发电厂一期 2×300MW 机组，每年至少可以吃掉 180 万吨洗中煤、煤泥、煤矸石；二期 2×600MW 和三期工程，可燃用 1 000 万吨二级产业生态群落的营养物料——洗中煤、煤泥、煤矸石，使古交地区全部的洗煤副产品将被"吃干"。相当于在几乎没有投资的情况下，为国家建起一座 1 000 万吨的特大煤矿。辅机冷却循环水全部用的是古交矿区处理后的城市污水和矿井废水。为此，古交发电厂配有一座污水

处理厂和中水处理厂。古交发电厂每年可节约 4 000 万元的水费,并能为缺水的山西节约 1 300 万吨宝贵的净水。现在,西山煤电集团有 9 个矿井拥有污水净化站。矿井废水经净化处理,可用于煤炭生产过程中的洒水灭尘、井上矸石山的治理、地面绿化灌溉等,矿井废水利用率达 81.62%,每年节约净水 600 万吨。

(六)全矿区系统生态保护、环境友好

该循环经济工业园区为中国和世界上首个产业链最完整,产业节点最多,规模最大,煤炭资源循环利用最彻底,矿区环境保护最好,矿区生态系统最健康的煤矿循环经济工业园。近年来西山集团综合治理生态绿化工程投资 1.5 亿元,矸石山综合治理投资 3.5 亿元,地表塌陷复垦投资 1.6 亿元;绿化 615 亩,周边荒山造林 400 公顷,植被恢复 40 公顷。经过一系列的生态与环境保护,全矿区生态系统环境友好,形成了人造工程系统与自然系统和谐与共存的景象。

(七)全产业价值链高效增值,经济、社会效益显著

随着西山循环经济园区建成并投入运营的项目不断增加,西山循环经济园区的整体运营规模快速扩张,全产业价值链高效增值。2010 年,西山循环经济园区已建成项目的资产总额为 521 亿元,从业人数 81 500 人;2006—2010 年,集团公司营业收入累计 1 028.223 8 亿元,利润总额 112.852 2 亿元。其中 2010 年,集团公司营业收入为 330 亿元;利润总额为 35 亿元;"十一五"期间,西山煤电集团产值构成中,非煤经营产值比重逐渐增大,循环经济效果明显。2010 年,生产经营总额实现 330 亿元,其中煤炭收入 215.5 亿元,非煤经营总额实现 114.5 亿元。因符合国家产业引导政策受到国家财政支持和国外企业投资;技术创新方面累积获得国家资金支持 2.2 亿元;获国家财政、国家发改委发改投资、山西省煤炭可持续发展基金和山西省级节能资金奖励对污水处理、矿井

水回收、瓦斯综合利用、煤层气抽采利用等循环经济项目的政策性支持资金 3.5 亿多元；享受到减免退税金额超过 3 亿元；与英国辛迪克公司进行清洁发展机制（简称 CDM）合作，获资金支持 2.16 亿元。

（八）全层面循环经济、发展持续

该园区以煤矿为核心，以煤炭、焦化、甲醇、热电联产和环境综合处理六大系统为框架，通过盘活、优化、提升、扩张等手段，建立生态工业示范园区。各大系统内分别有产品产出，各系统之间通过中间产品和废弃物的相互交换而互相衔接。园区主要由四条主生态产业链组成：一条是"煤—焦炭—化工"生态产业链；一条是"煤矸石—建材—砖厂"生态产业链；一条是"中煤（末煤）—综合利用电厂发电—煤气联产"生态产业链；一条是"煤伴生物—煤层气（铁矿、铝矿）"生态产业链；一条"煤—坑口电厂—粉煤灰—水泥"生态产业链。各层主生态产业链相互之间构成了横向耦合关系，并在一定程度上形成了网络状。由于每条生态产业链的上游生产过程中产生的废弃物用作下游生产过程的原料，从而形成一个比较完整的闭合生态工业网络。园区内的资源得到充分配置，废弃物得到有效利用，环境污染减少到最低水平，达到低投入、高产出、低污染、高效益的理想目标，创造工业与自然和谐共处的生态景观，为全国煤炭工业资源开发提供了理论支持和可以模仿的实践模型。

五、"六"大

（一）大规划宏图

西山循环经济园区的设计与规划，高瞻远瞩，目标宏大，跨时空三十年，同时又设计精细、全面，合理；对产业链产业的性质、结构、技术、经济效益分析透彻，规划科学合理，资源、生态、环境保护综合平衡，因而保证整个循环经济体有效与良性运行。

（二）大循环经济

西山循环经济园区的体系，创新无限极循环经济理论，微、中、宏观，小、中、大循环经济有机和绝妙地结合，从包含最微观和小循环的车间工艺环节细微处入手，实施循环经济的理念、技术，如地下采煤车间工作面的设备选型、工艺设计和生产过程，绿色开采，精细开采，惜煤如金；有世界上薄煤层开采最先进的超薄工作面开采技术和"Y"型通风的沿空留巷粉煤灰充填绿色开采的应用，到五矿为龙头沿屯兰川一线的矿区中循环系统，到延伸拓展到前山矿区末端治理复垦为主的循环经济体系、到首端设计与原创同生的循环经济兴县园区、五麟园区，至延伸到首钢、唐钢乃至全国的下游产业链，形成了一个跨行业、跨区域大循环的循环经济体系。

（三）大规模工程

西山循环经济园区产业链复杂系统之大、节点项目之多、项目工程量之大、投资量之巨国内罕见。三大循环经济园区和前山矿区的循环经济总投资达 800 多亿元，最终投资达 1 800 亿元，古交、前山、兴县、五麟、安泽五大循环经济园区绵绵延伸百公里，计下游焦炭钢铁产业链，拓展乃至上千公里，工程规模之大是我国内任何一个循环经济园区所不及的。

（四）大产业集群

西山循环经济园区产业链之多，三大产业链汇集了大产业集群；集煤炭开采的采矿业、焦炭生产的炼焦业、化工生产的化工业、余热、煤成气和中煤、煤矸石发电的煤电业、水泥和烧结砖的建材业、伴生资源开发利用的制铝业、冶炼钢铁的冶金业、节能减排的环保业等，产业集群之大，是我国内任何一个循环经济园区所不及的。带动相关支持企业多达 3 万多家；提供就业岗位 30 多万个；促进国家、地方各级政府基础设施投资 1 800 多亿元，促进了乡镇城市化进程，推动了地方经济的发展，保证了社会发展和稳定，取得了难以估计的社会效益。

（五）大系统工程

西山循环经济三大循环体系是一个巨大的复杂耗散巨系统，需要外部向系统提供物质、信息和能量的输入，涉及煤炭、地质、化工、电力、电子、机械、建材、物流、环保服务等诸多产业和自然科学、应用科学、管理科学、经济科学、生态科学、社会科学等主要学科门类。园区建立的循环经济体系系统多，煤炭运输系统（包括地面精煤、中煤、煤矸石及各种代谢物如工业废渣、固体排泄物、粉煤灰运输）、污水处理系统、洗选系统、焦化生产及化工产品加工系统、电力生产与运送系统、瓦斯抽放系统、地下绿色开采系统、三大产业链系统、节能减排系统、环境保护系统、管理信息系统等大系统工程。

（六）大建设成就

西山循环经济园区为中国和世界上首个产业链完整，产业节点多，规模大，煤炭资源循环利用彻底，矿区环境保护良好，矿区生态系统健康的煤矿循环经济工业园。为我国煤炭资源型循环经济园区建设提供工程示范，引领了当代煤炭资源开发利用的新方向，建设成就之伟大媲美于我国煤炭行业的同类工程。

第二节　古交循环经济复杂系统的经济效益分析

一、古交循环经济园区经济效益分析

随着古交循环经济园区建设规模的扩大以及循环经济的发展，

2007—2011年的工业总产值和利润总额明显快速上升。工业总产值150亿元，利润总额24亿元，古交示范基地建设效益显著。从图6-1可以看出，2010年各大产业链项目投产后，古交循环经济园区的工业总产值的曲线斜率明显增大，表明该指标的增加值呈增大趋势；利润总额的增加额在2009年出现拐点，曲线由平缓上升趋势变为大幅度上升趋势。两项指标均明显表明循环经济带来的产业效益变化，循环经济产业的发展不仅保持了原来较快上升的趋势，而且随着循环经济体系的日益成熟，大大促进经济效益增长速度。

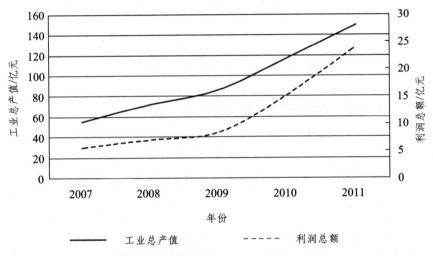

图6-1 古交循环经济园区经济效益图

　　煤炭、电力、煤化工和冶金产业历经2008—2010年资源整合和产业优化后，进入良性发展阶段，2010年，煤炭产能达到1 400万 t/a、电厂装机容量达到183万 kW、煤化工产能150万 t/a，冶金产能77万 t/a；园区的煤炭、电力、煤化工、冶金、建材五大产业在古交示范园区中的地位结构趋于合理化发展，形成以煤炭生产为产业链主线，重点发展各种煤基产业的产业发展模式。到2011年年末，煤炭产值达到40亿元，电力产值达到38亿元，煤化工产值达到32亿元，冶金产值达到37亿元，建材产值达到1.5亿元。

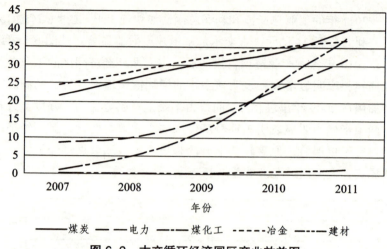

图6-2 古交循环经济园区产业效益图

二、古交循环经济园区产品产量分析

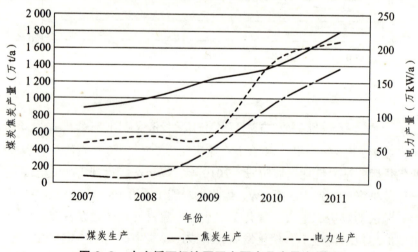

图6-3 古交循环经济园区主要产品产量变化图

截至2010年年底,兴能电厂一期、二期工程陆续建成并投入使用,焦化一厂改扩建工程以及焦化二厂也投入运营。因此,古交循环经济园区基地的煤炭、焦炭和电力三大主要产品的产量呈明显上升趋势。2007—2010 年，煤炭产量由 901 万 t/a 提高到 1 400 万 t/a，产量提高了 55.38%；焦炭产量由 10 万 t/a 提高到 120 万 t/a，2010 年产量提高到 2007 年的 12 倍；电力产量由 60 万 kW/a 提高到 183 万 kW/a，产量提高 205%。2011 年，煤炭产量提高到 1 800 万 t/a，焦炭产量提高到 170 万 t/a，电力产量提高到 210 万 kW/a。

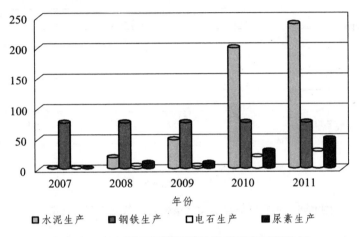

图 6-4 古交循环经济园区其他产品产量变化图

随着古交循环经济产业链的发展和完善，2007—2011 年，水泥、电石和尿素等副产品产量均有大幅度提高，2011 年产量分别为 200 万 t/a、20 万 t/a 和 30 万 t/a。

三、古交循环经济园区节能减排和环境保护情况 分析

古交循环经济示范基地产业链条的完善程度对其整体资源利用效率有比较明显的影响。例如，2007—2011 年，古交循环经济示范基地的单位生产总值能耗分别为 3.52 吨标准煤/万元、2.98 吨标准煤/万元、2.32 吨标准煤/万元、1.85 吨标准煤/万元和 1.55 吨标准煤/万元，而单

位生产总值水耗分别为 8.2 立方米/万元、7.9 立方米/万元、5.2 立方米/万元、4.1 立方米/万元和 3.2 立方米/万元。

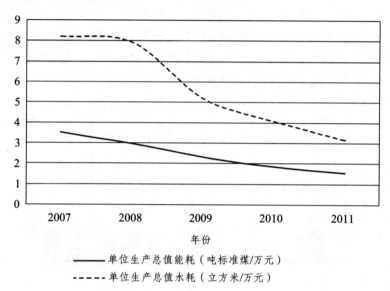

单位生产总值能耗（吨标准煤/万元）

单位生产总值水耗（立方米/万元）

图 6-5　古交循环经济园区单位生产总值资源消耗情况

　　这主要是由于，随着古交循环经济示范基地的产业链条的完善，园区内各单位的技术经济联系正在不断加强，企业之间的协同效应正在逐步体现。未来随着电力直供等国家产业政策的调整，可以预期古交循环经济示范基地的资源利用效率将会进一步增加。

　　通过技术与结构节能减排、工程节能减排手段，实施了东曲矿瓦斯发电一期项目、镇城底矿生活污水处理厂技改项目、西曲矿矿井水复用项目等节能减排项目，推动了节能减排工作有效开展，取得了显著成效，树立了大企业良好社会形象，为节能减排工作健康发展作出了大企业应有的贡献。

　　古交循环经济园区产业链条的完善、先进技术的应用和生产规模的扩张，使得其煤炭资源回收率大幅度提高，电力生产能耗明显下降。2007—2010 年，古交循环经济园区的煤炭资源回收率由 80%提高到

85%，电力生产能源消耗总量由 315 KWh 下降到 305 KWh。

2007—2011 年，古交循环经济园的煤层气抽采利用率、固体废弃物利用率和废水回用率均呈上升趋势。其中，煤层气抽采利用率由 22.6%大幅提高到 90%；固体废弃物利用率由 25%提高到 80%；工业废水回用率由 70%提高到 95%。

表 6-1　古交循环经济示范基地重点项目节能减排效益

项目名称	节能减排效益	备　注
东曲矿瓦斯发电一期工程（3×500KW）	年消耗瓦斯纯量 271 万 m³，年发电量 756 万 KWh；年节约标准煤 2600 吨，减排 SO_2 约 22 吨/年，减排 CO_2 约 6 万吨/年	二期：3×500KW
镇城底矿生活污水处理厂技改工程	年增加污水处理量 76 万吨，COD 减排约 174 吨/年	污水处理量夏季增加 1 700 吨/日，冬季增加 2 700 吨/日
西曲矿矿井水复用工程（2 400M³/d）	拓宽复用途径，复用率由 2005 年的 33%增至 2008 年的 63%，年减排 COD 约 8 吨	

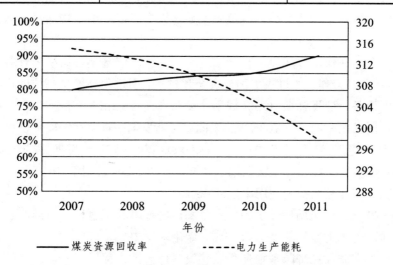

图 6-6　古交循环经济园区节能降耗情况

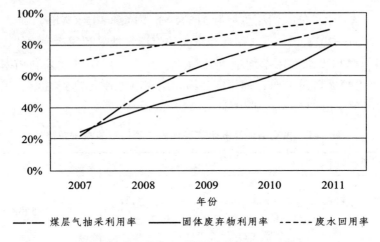

图 6-7　古交循环经济园区资源再利用情况

图下图例：煤层气抽采利用率　　固体废弃物利用率　　废水回用率

SO_2、COD 排放总量控制在国家或地方控制指标内，古交电厂采用国内领先水平的半干法脱硫、静电除尘技术，脱硫效率达到 93%，除尘效率高达 99.57%；完成了镇城底生活污水处理厂技改工程、古交中心污水厂技改工程、矿井水处理回用工程；锅炉除尘器全部更新为湿法脱硫除尘设施，除尘脱硫效率显著提高；以上项目均通过了国家"十一五"污染减排项目核查。

在高瓦斯矿井建设了瓦斯抽放站，与国际碳基金公司组织开展了CDM 项目合作，通过吸引国外资金和技术，引进集装箱式高浓度瓦斯发电设备，建设瓦斯电站，规划建设总规模 76.2MW，目前，杜儿坪矿瓦斯发电一期 3×1 703KW、东曲矿瓦斯发电一期 3×500KW 已投产发电。屯兰矿瓦斯发电一期 4×3 000KW、马兰矿瓦斯发电一期2×1 800KW、杜儿坪矿瓦斯发电二期 4×1 703KW 计划于 2010 年全部竣工。矿井瓦斯抽采利用率达到 60%。

另外，古交循环经济园区示范基地的环境状况也得到持续改善。目前，矿区土地复垦率达到 45%，绿化率为 38%。

古交循环经济园基地还积极建设绿色园区，促进了园区环境的改善。园区以生态植被恢复、矸石山治理为重点，以实施大面积、广覆盖、全方位的绿化工程为主线，建设园林式的新矿区。这不仅仅是为了美化环境，净化空气，减少污染；也是为了提升煤矿品位，塑造现代煤矿的"绿色"新形象；更是要体现"以人为本"，为职工创造清新、舒适、优美的工作环境。

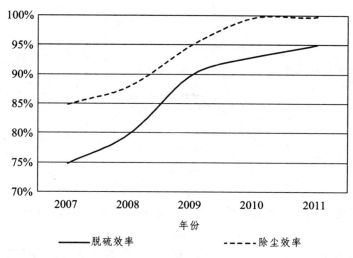

图 6-8　脱硫除尘排放情况

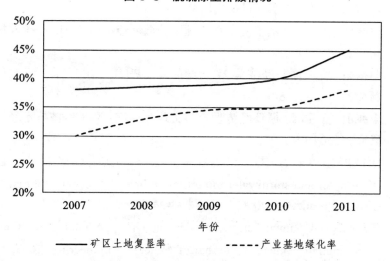

图 6-9　古交循环经济园区环境改善图

参考文献

[1] 李金静. 煤炭企业循环经济效益研究——煤矸石综合利用的实证分析[D]. 济南：山东大学，2008.

[2] 戴汝为. 关于"复杂性"的研究——一门 21 世纪的科学科学、前沿与未来[M]. 北京：科学出版社，1998.

[3] 白彦壮，张保银. 基于复杂系统理论的循环经济研究[J]. 中国农机化，2006（3）：27-30.

[4] 曲格平. 发展循环经济是 21 世纪的大趋势[J]. 机电产品开发与创新，2001（6）：6-9.

[5] 李兆前，齐建国. 循环经济理论与实践综述[J]. 数量经济技术经济研究，2004（9）.

[6] DHARMAPPA H B, WINGROVE K, SIVAKUMAR M, et al. Wastewater and stormwater minimisation in a coa mine[J]. Journal of Cleaner Production, 2000, 8（1）: 23-24.

[7] HILSON G. Defining "cleaner production" and "pollution prevention" in the mining context[J]. Journal of Minerals Engineering, 2003, 16（4）: 305-321.

[8]   MANAGENA S J, Brent A C. Application of a life cycle impact assessment framework to evaluate and compare environmental performances with economic values of supplied coal products[J]. Journal of Cleaner Production, 2006, 14（12-13）: 1071-1084.

[9]   CHINH L D, GHEEWALA S H, BONNET S. Integrated environmental assessment and pollution prevention in vietnam: the case of anthracite production[J]. Journal of Cleaner Production, 2007, 15（18）: 1768-1777.

[10]   MUKHERJEE A B, ZEVENHOVEN R. Mercury in coal ash and its fate in the Indian subcontinent: a synoptic review[J]. Science of the Total Environment, 2006, 368（1）: 384-392.

[11]   ASOKAN P, SAXENA M, ASOLEKAR S R. Coal combustion residues-environmental implications and recycling potentials[J]. Science of the Total Environment, 2006, 368（1）: 384-392.

[12]   KIKUCHI R. Application of coal ash to environmental improvement: transformation into zeolite, potassium fertilizer, and FGD absorbent[J]. Resources, Conservation and Recycling , 1999, 27（4）: 333-346.

[13]   BLANCO F GARCIA P, MATEOS P, et al. Characteristics and properties of lightweight concrete manufactured with cenospheres[J]. Cemem and Concrete Research, 2000, 30（11）: L1715-1722.

[14]   OMAN J, DEJANOVI B, TUMA M. Solutions to the problem of waste deposition at a coal-fired power plant[J]. Waste Management, 2002, 22（6）: 617-623.

[15]   SOLVEIG G WEI T. Coal cleaning: a viable strategy for reduced carbon emissions and improved environment in China[J]. Energy Policy, 2005, 33（4）: 525-542.

[16]   LAURENCE D. Optimisimion of the mine closure process[J]. Journal of Cleaner Production, 2006, 14（3-4）: 285-298.

[17] WHYATT J D, METACALFE S E. Optimising the environmental benefits of emission reductions from UK coal and oil-fired power stations: a critical loads approach[J]. Environment Science&Policy, 2004, 7（6）: 451-463.

[18] SHACKLEY S, MANDER S, REICHE A. Public perceptions of underground coal gasification in the United Kingdom[J]. Energy Policy, 2006, 34（18）: 3423-3433.

[19] STIEGEL G J, RAMEZAN M. Hydrogen from coal gasification: an economical pathway to a sustainable energy future[J]. International Journal of Coal Geology, 2006, 65（3-4）: 173-190.

[20] PATRICK J W. Energy for the future coal liquefaction for the european environment a history of UK coal liquefaction[J]. Fuel, 1998, 77（7）: 793.

[21] WASAKA S, IBARAGI S, HASHIMOTO T, et al. Study on coal liquefaction characteristics of Chinese Coals[J]. Fuel, 2002, 81（11-12）: 1551-1557.

[22] NOLAN SHIPMAN A, Rui H. Coal liquefaction, shenhua group and China's energy security[J]. European Management Journal, 2004, 22（2）: 150-164.

[23] ADACHI Y, KOMOTO M, WATANABE I, et al. Effective utilization of remote coal through dimethyl ether synthesis[J]. Fuel, 2000, 79（3-4）: 229-234.

[24] BIBLER C J, MARSHAL J S, PILCHER R C. Status of worldwide coal mine methane emissions and use[J]. International Journal of Coal Geology, 1998, 35（1-4）: 283-310.

[25] 王文飞. 煤炭工业实施循环经济的总体思路[J]. 煤炭经济研究, 2005（8）: 10, 12.

[26] 孙玉峰. 基于循环经济的煤炭企业发展模式研究[J]. 采矿技术, 2006, 6（1）: 114-117.

[27] 周仁，任一鑫. 煤炭循环经济发展模式研究[J]. 煤炭经济研究，2004（1）：23-24.

[28] 国家发展改革委循环经济：模式分析与对策研究课题组. 煤炭行业发展循环经济的模式和对策[J]. 中国经贸导刊，2006（1）：29-30.

[29] 林积泉，王伯铎，马俊杰. 煤炭工业企业循环经济产业链设计与环境效益研究[J]. 环境保护，2005（4）：55-58.

[30] 李巍，罗能生. 基于循环经济的煤炭产业链建构[J]. 煤炭经济研究，2006（11）：19-21.

[31] 四季春. 煤炭企业循环经济园区的发展模式[J]. 煤炭学报，2006，31（14）：549-553.

[32] 张麟. 应用循环经济理论构建煤炭生态工业园[J]. 中国矿业，2006，15（12）：14-17.

[33] 常新宇. 循环经济产业链集成模型及其应用[D]. 成都：四川大学，2007.

[34] 袁学良. 煤炭行业循环经济发展理论及应用研究[D]. 济南：山东大学，2008.

[35] 何华兵. 中国煤炭企业循环经济发展模式探析[J]. 中国矿业，2006（5）.

[36] 孟赤兵. 国外煤炭产业发展循环经的历史经验与趋势[J]. 再生资源与循环经济，2008（1）：12.

[37] 严泽贤，范冬萍，张华夏. 系统科学导论——复杂性探索[M]. 北京：人民出版社，2006.

[38] 金吾伦，郭元景. 国外复杂性科学研究进展[J]. 国外社会科学，2003（6）：2-5.

[39] 黄欣荣. 贝塔朗菲与复杂性范式的兴起[J]. 科学技术与辩证法，2004，21（4）：11-14，57.

[40] BERTALANFFY, LUDWIG VON. General system theory：foudations, development, applications[J]. George Braziller, 1968.

[41] 金吾伦,郭元景. 复杂性科学及其演变[J]. 复杂系统与科学,2004（1）: 2.

[42] PRIGOGINE I, STENGERS I. Order out of chaos: man's new dialogue with nature[M]. New York: Bantam Book, Inc. 1984: 196-203.

[43] 哈肯. 协同学导论[M]. 徐锡申，等，译. 北京：北京原子能出版社，1984.

[44] 许国志. 系统科学[M]. 上海：上海科技教育出版社，2000：252.

[45] 徐玖平，胡知能，黄钢，等. 循环经济系统规划理论与方法及实践[M]. 北京：科学出版社，2008.

[46] 赵凯荣. 复杂性哲学[M]. 北京：中国社会科学出版社，2001.

[47] 彭新武. 复杂性思维与社会发展[M]. 北京：中国人民大学出版社，2003：56.

[48] 杨小军，郭玲. 复杂系统理论视野中的循环经济[J]. 科学管理研究，2008，26（3）: 60-63.

[49] 高洪琛，常泽鲲. 循环经济的系统分析[J]. 中国人民大学学报，2007（6）: 41-46.

[50] 黎雪林. 我国循环经济的系统分析、评价与管理研究[D]. 广州：暨南大学，2007.

[51] 陈春明，左晓玢. 循环经济下共生企业组织创新的系统动力学研究[J]. 理论学刊，2013（2）: 52-55.

[52] 宋晓倩. 煤炭矿区循环经济系统的复杂网络模型与表征[M]. 北京：经济管理出版社，2014.